Horst Stahl

Zimmer-Bonsai
für die Fensterbank

mit Gestaltungsfotos von
Helmut Rüger

Kosmos

Zur Dekoration kann man einen Bonsai, hier ein Granatapfelbaum, mit einer Figur kombinieren.

Mit der schlanken Bonsai-Schere werden überlange Triebe im Kroneninnern eingekürzt.

Inhalt

Camellia japonica

Der Anfang

Baumkunstwerke für die Wohnung

Nachdem über Jahrhunderte Bäume der gemäßigten Breiten zu Bonsai gestaltet wurden, werden seit einigen Jahrzehnten auch tropische Bäume zu Miniatur-Baumkunstwerken geformt.

Die lange Geschichte der Bonsai-Kunst hatte ihren Anfang im kaiserlichen China. Hier entwickelte sich aus der chinesischen Gartenbaukunst die Tradition, auch Pflanzen in Töpfen zu präsentieren.

Eine erste schriftliche Erwähnung des Begriffes Bonsai finden wir in der Ode „Heimkehr" von T'ao Yuanming (427 bis 365 n. Chr.). Darin verwendete er die chinesischen Schriftzeichen „p'en" (bon) und „tsai" (sai), um die Schönheit der wilden Chrysanthemen zu preisen.

Die ältesten Abbildungen des Bonsai stellen Wandmalereien im Grabmal des Prinzen Chang Huai dar, welches 706 n. Chr. erbaut wurde.

In Japan finden wir erst in dem Buch „Natürliche Methoden des figurativen Malens" aus dem 14. Jahrhundert eine Bonsai-Abbildung. In der Mitte des 18. Jahrhunderts wurden in Japan die verfeinert gestalteten Bonsai-Formen entwickelt, die wir heute kennen.

Bis zu dieser Zeit wurden fast ausschließlich verholzende Pflanzen verwendet, die den für die gemäßigten Breiten typischen Jahreszei-

Nur selten findet man einen so ausdrucksstarken *Ficus* in streng aufrechter Form.

Der japanische Garten ist eine andere Kunstform mit Pflanzen.

tenwechsel durchmachen. Erst mit der Verbreitung der Bonsai-Kunst über den ganzen Erdball begannen in tropischen Ländern Bonsai-Freunde ihre heimischen Pflanzen zu Bonsai zu gestalten. Als Zimmer-Bonsai werden Baumarten aus tropischen und subtropischen Klimaregionen neben den traditionellen Freiland-Bonsai nun auch in Europa verwendet.

Derselbe Bonsai wie gegenüberliegend direkt nach einem Blattschnitt.

BONSAI – EINHEIT AUS BAUM UND SCHALE

Die Schale ist in der Bonsai-Gestaltung viel mehr als der bloße Aufbewahrungsort für den Baum. Erst die richtig gewählte Schale macht aus dem gestalteten Baum einen Bonsai.
Die beiden japanischen Schriftzeichen „bon" für Baum oder Pflanze und „sai" für Schale verschmelzen zu dem Begriff Bonsai. Mit der Formung des Baumes oder der Landschaft legt der Gestalter gleichsam die Art der Schale fest. Je nach Stilrichtung und Baumart wird eine ganz bestimmte Schalenauswahl festgelegt.

Die Harmonie zwischen Baum und Schale in einem Bonsai-Kunstwerk läßt sich gut mit dem Zusammenspiel eines Gemäldes und dessen Rahmen vergleichen. Der angemessene Bilderrahmen rückt das Gemälde für den Betrachter in das rechte Licht.
Ist ein Baum jung und muß noch zum Bonsai erzogen werden, kann er ruhig in einer weniger geeigneten, überdimensionierten Schale gepflegt werden. Hier kann sogar eine etwas größere Schale einen besseren Zuwachs bedeuten und die Erziehungszeit zum Bonsai deutlich verkürzen.
Ist der Bonsai weitestgehend gereift, wird er in eine für die Gestaltung ausgewogene proportionierte Schale umgesetzt.

Für die Präsentation von Bonsai wählt man einen ruhigen Hintergrund und läßt ihnen Raum, um wirken zu können.

DIE GESTALTUNGSVORBILDER LIEFERT DIE NATUR

Soll ein Bonsai gestaltet werden, sind einige wichtige Vorüberlegungen zu berücksichtigen.
▶ Zunächst sollte der Baum so geformt sein, daß er überzeugend einen großen Baum in der freien Natur miniaturisiert darstellen kann. Naturgemäß liefert uns hierbei die Naturbetrachtung die Vorbilder für die Gestaltung.
▶ Da es sich bei Bonsai nicht um speziell gezüchtete Pflanzenarten handelt, sind grundsätzlich viele verholzende Pflanzenarten für die Bonsai-Gestaltung geeignet. Für die Auswahl kommen hierbei Pflanzenarten in Frage, die entweder von sich aus kleine Blätter haben oder Blätter, die durch gärtnerische Techniken verkleinert werden können. Bei blühenden und fruchtenden Arten müssen diese Merkmale von Natur aus klein sein.
▶ Bei der Wuchsform ist man nicht auf Zwergformen angewiesen, da jede Pflanzenart eine gewisse Bandbreite in der Wuchshöhe aufweist.

BONSAI-QUALITÄTEN LASSEN SICH BEURTEILEN

Deutliche Merkmale eines Baumes sind der Stamm, der Astaufbau und der Stammfuß. Mit einem kraftvollen Wurzelansatz wird der Eindruck eines alten Baumes überzeugend vermittelt. Hier sollten bei senkrechten Stämmen kräftige Wurzeln gleichmäßig nach allen Seiten von der Stammbasis in den Boden streben. Bei geneigten Stämmen sind die Wurzeln, die der Stammneigung gegenüber liegen, stärker ausgeprägt als die unter der Stammneigung.
Aus dem Wurzelansatz entwickelt sich harmonisch der Stamm. Er ist die Zentralachse des Baumes. Der Stamm verjüngt sich gleichmäßig von der Basis bis in die Spitze. Alle abrupten Stammdickenveränderungen vermitteln einen unharmonischen Eindruck. Ist der Stamm mit Biegungen versehen, entwickeln sich an den Außenseiten der Stammschwünge die Äste, die sich nach außen hin immer feiner verzweigen.
Bei gebogenen wie bei geraden Stämmen entspringen nach Möglichkeit keine zwei Äste in einer Höhe. Von unten nach oben nehmen die Dicke, die Länge und der Verzweigungsgrad der Äste ab. So ist der unterste Ast nicht nur der dickste und längste Ast, sondern auch der mit der stärksten Verzweigung. Die nachfolgenden Äste verteilen sich spiralförmig von unten nach oben um den Stamm. Der unterste Ast, auch Hauptast genannt, zeigt zu einer der beiden Seiten. Der darauf folgende zweite Ast liegt auf der entgegengesetzten Seite und bildet, von der Vorderseite betrachtet, einen stumpfen Winkel zum Hauptast. Der dritte Ast weist nach hinten, wird aber nicht vom Stamm verdeckt. Er gibt dem Baum Tiefenwirkung. Die nächsten Äste folgen diesem Muster, wobei, von oben betrachtet, keine zwei Äste übereinander liegen.

DER RICHTIGE BONSAI-KAUF

Einige generelle Tips zum Bonsai-Kauf

▶ Der Bonsai-Fachhandel ist die einzig richtige Anlaufstelle für den Kauf eines Bonsai. Nur hier finden Sie eine kompetente Fachberatung und häufig eine große Auswahl an Qualitäts-Bonsai der verschiedensten Preiskategorien.
▶ Die Fachleute im Bonsai-Fachhandel helfen Ihnen darüber hinaus bei allen Problemen, die Sie mit Ihrem Bonsai haben können.
▶ Die unterste Preiskategorie für noch junge Bonsai liegt bei etwa 100,- DM. Nach oben sind keine Grenzen gesetzt. Für ein wirklich gutes Bonsai-Kunstwerk müssen Sie leicht mehrere tausend Deutsche Mark bezahlen.
▶ Die Billigangebote im Nicht-Fachhandel verdienen häufig den Namen Bonsai nicht. Meistens sind die dort angebotenen Pflanzen bestenfalls als Trainingspflanzen für die Pflege geeignet.

Den Bonsai Ihrer Wahl finden

▶ Überlegen Sie zunächst, ob Sie für den Bonsai einen geeigneten Standort haben. Sicherlich ist es wenig sinnvoll, einen teuren Bonsai zwischen den normalen Topfpflanzen im Blumenfenster unterzubringen.
▶ Lassen Sie die angebotenen Bonsai auf sich wirken. Dabei kommen meist einige Bonsai in die engere Wahl.
▶ Machen die Bäume einen kranken Eindruck, oder können Sie gar Schädlinge entdecken? In solch einem Fall ist vom Kauf abzuraten.
▶ Der Fachhändler wird Sie gern über die Pflegebedürfnisse und weiteren Gestaltungsmöglichkeiten Ihrer Bonsai-Kandidaten aufklären.
▶ Der Bonsai sollte gut eingewurzelt sein, aber innerhalb des nächsten halben Jahres nicht umgetopft werden müssen. Gerade für Bonsai-Neulinge können solche Bäume ein Pflegerisiko darstellen.

Grundstilarten

Anregungen für einen guten Stil

Über die lange Entwicklungszeit der Bonsai-Kunst haben sich nach dem Vorbild der Natur bestimmte Gestaltungsformen entwickelt, die Grundstilarten. Diese sind bei der Gestaltung als Vorschläge und nicht als Diktat zu werten.

Ein alter Fukien-Tee (*Ehretia microphylla*), als Kaskade gestaltet.

Läßt man einen Baum einfach wachsen, so entwickelt er im Laufe der Jahrzehnte eine Form, die in seinem Erbmaterial festgelegt ist. Für jede Baumart ist die Form arttypisch und prägt sich je nach Standort innerhalb einer gewissen Variationsbreite unterschiedlich aus.
Bei den Bonsai bestimmen wir die Bedingungen, unter denen sich der Baum entwickelt. Die Reifung des Baumes zum imposanten Baumveteranen vollzieht sich in der Natur teilweise über viele Jahrzehnte. Unter unserer Obhut reift der „Baumveteran im Miniaturformat" durch gezielte Förderung schon nach wenigen Jahrzehnten heran.
Der Bonsai-Künstler muß sich bemühen, das in dem Baum schlummernde Gestaltungspotential zu erkennen und durch geeignete Maßnahmen in die richtige Richtung weiterzulenken.
Die angestrebte Form sollte der jeweiligen Baumart entsprechen und diese natürlich darstellen.
Als Anregungen dienen hierbei die sogenannten Grundstilarten der Bonsai-Kunst. Sie helfen beim Finden der richtigen Form für den jeweiligen Baum, sollten ihm aber nicht formalistisch aufgezwungen werden.

Miniatur-Bonsai werden in denselben Stilarten gestaltet wie die größeren Bonsai.

Bei der frei aufrechten Form leiten die Äste die Bewegung des gewundenen Stammes in die Horizontale um.

DIE FREI AUFRECHTE FORM

Wie der Name schon sagt, weist der Stamm sanfte Biegungen auf, die von unten nach oben immer weniger ausladend sind. Die Stammbiegungen sollten hierbei nicht nur zu den beiden Seiten, sondern auch nach vorn und hinten gehen.
Die Krone liegt im Lot über dem gut sichtbaren Stammfuß und neigt sich ganz leicht nach vorn. Dadurch öffnet sich der Baum dem Betrachter.
Die dickeren Äste entspringen an den Außenseiten der Stammbiegungen, nehmen die Stammbewegungen auf und führen sie in horizontaler Richtung fort. Die Silhouette des Baumes bildet ein ungleichschenkliges Dreieck, wobei die Spitzen des untersten Astes, des zweiten Astes und der Krone die Eckpunkte des Dreiecks bilden. Als Schalen wählen wir flache ovale oder rechteckige Formen, deren Breite zwei Drittel der Baumhöhe entsprechen sollte. Die Höhe des Schalenrandes entspricht dem Durchmesser des Stammes an der dicksten Stelle. Die Stellung des Baumes in der Schale liegt zwei Drittel von einem Schalenrand entfernt und kurz hinter der Schalenmittellinie.

Bei der streng aufrechten Form ist der Stamm ganz gerade.

DIE STRENG AUFRECHTE FORM

Aus einem sternförmig angeordneten Wurzelhals entwickelt sich ein bis zur Baumspitze vollkommen gerader Stamm. Wie bei der frei aufrechten Form verjüngt sich der Stamm gleichmäßig vom Wurzelansatz bis zur Spitze.
Das untere Drittel des Stammes trägt keine Äste. Der unterste Ast, der Hauptast, zeigt zu einer der beiden Stammseiten. Die anderen Äste folgen dem Muster der frei aufrechten Form. Im Gegensatz zum Stamm sind bei den Ästen leichte, aber markante Biegungen erlaubt. Von unten nach oben werden die Äste dünner, kürzer und weniger verzweigt. Wieder bildet die Baumsilhouette ein ungleichschenkliges Dreieck.
Für die Schalenauswahl gelten dieselben Kriterien wie für die frei aufrechte Form.

Bei der Besenform spaltet sich der Stamm in viele gleichberechtigte Äste auf.

DIE BESENFORM

Der gerade Stamm löst sich nach dem ersten Drittel der Baumhöhe in viele reichverzweigte Äste auf, die eine schirmförmige Krone bilden. Die Krone bildet wie bei einem Laubbaum in freiem Stand fast eine Halbkugel und macht etwa zwei Drittel der Baumhöhe aus. Wieder entwickelt sich der Stamm aus einem sternförmig angeordneten Stammfuß. Ohne diesen gut ausgebildeten Stammfuß wirkt der Baum wie ein mit dem Stiel in den Boden gesteckter Reisigbesen.
Bei der Pflege einer Besenform ist es wichtig, daß nicht ein einzelner neuer Trieb lang auswachsen darf. Hier besteht die Gefahr, daß sich der Ast überproportional verdickt und damit nicht mehr in das harmonische Gesamtbild der Besenform paßt.
Als Gefäße wählen wir wieder flache ovale oder rechteckige Schalen aus. Ihre Proportionen werden wie bei der frei aufrechten Form bestimmt.

DIE KASKADE

Im Hochgebirge oder an einer Steilküste kann ein Baum durch einen Erdrutsch aus seiner Balance gedrückt werden, ohne daß er dabei entwurzelt wird. Die Krone weist nun nach unten, die Steilklippe hinab. Um das Gleichgewicht wiederzuerlangen, baut der Baum häufig aus einem Nebenast eine neue, verkleinerte, senkrecht nach oben wachsende, meist flache Krone auf.
Die Hauptbewegungsrichtung der Kaskade führt über den Schalenrand in die Tiefe. Sie sollte dabei über die Schalenbasis hinabreichen.
Die Anordnung der Äste gleicht grünen Stufen, wobei die Stamm- und Astbiegungen leichte S-förmige Schwünge aufweisen. Die Laubpolster weisen von der Schale weg nach außen und sollten wohlstrukturiert sein.
Die neue, meist schirmförmige, niedrige Krone erhebt sich über der ersten starken Stammbiegung.

Die Hauptbewegungsrichtung der Kaskade führt in die Tiefe bis unter den Schalenrand.

Als Pflanzenarten kommen nur langsam wachsende Arten in Frage, will man den Baum nicht ständig eingedrahtet haben. Denn die grundsätzliche Wuchsrichtung neuer Triebe geht senkrecht nach oben.
Als optisches und tatsächliches Gegengewicht für die in die Vertikale weisende Baumform benötigen wir eine recht tiefe Schale. Sie sollte entweder kreisrund, quadratisch oder mehreckig sein. Der Schalendurchmesser entspricht ungefähr dem Fünffachen des Stammes. Genau in die Mitte der Schale gepflanzt, erstreckt sich die Kaskade bei eckigen Schalen über eine der Schalenseiten.

In der Waldform können auch Bäume verwendet werden, die als Einzelbäume zu wenig Aussagekraft haben.

WALDPFLANZUNGEN, MEHRFACHSTÄMME, LANDSCHAFTSSTIL

Auch die Darstellung von kleineren Gehölzgruppen bis hin zu großen, undurchdringlichen Wäldern ist in der Bonsai-Kunst sehr beliebt. Für alle Gruppen von Bäumen gelten einige Grundsätze:

- ▶ Man verwendet nur Bäume derselben Art. Mischgehölze sind häufig schwieriger zu pflegen, da die einzelnen Baumarten unterschiedliche Bedürfnisse haben können.
- ▶ Zur Vermeidung von Symmetrie wählt man eine ungerade Anzahl von Bäumen aus. Die Höchstzahl an Bäumen wird lediglich durch die Größe der Schale begrenzt.
- ▶ Die Bäume werden so ausgewählt, daß sie sich in Stammdicke und -höhe unterscheiden. Der höchste Baum, der Hauptbaum, sollte hierbei auch der dickste sein. Die anderen Bäume folgen in entsprechenden Proportionen.
- ▶ Sehr flache und großflächige Schalen oder andere Pflanztabletts sind besonders gut für diese Stilarten geeignet.

Beispiel (s.o.): 11 Bäume bilden einen geschlossenen Wald. Der Hauptbaum steht etwas mehr als ein Drittel von der rechten Schalenseite entfernt. Etwas weiter rechts sehen Sie den ersten Nebenbaum (zweitdickster Baum). Er steht kurz vor der Schalenmittellinie, während der Hauptbaum hinter der Mittellinie steht. Der zweite Nebenbaum (drittdickster) steht links vom Hauptbaum und stärker im Vordergrund als der erste Nebenbaum. Die Verbindungslinien der drei Hauptbäume bilden von oben betrachtet ein ungleichschenkliges Dreieck. Die weiteren Bäume sind nun so gesetzt, daß einige der kleineren Bäume sich im Hintergrund befinden und so der Gestaltung Tiefenwirkung geben. Beim Arrangieren der Bäume ist darauf zu achten, daß niemals drei oder mehr Bäume in einer Reihe stehen.

Die Grundstilarten

▶ Bei **Mehrfachstämmen** handelt es sich um eine der Stilarten, bei denen mehr als ein Stamm aus einem Wurzelballen wächst. Bei diesen Stilarten gelten für das Arrangieren der miteinander verbundenen Stämme dieselben Kriterien wie für die Waldform.

▶ Man spricht von der **kriechenden Form**, wenn aus den weit unten ansetzenden Ästen eines Baumes durch Bodenkontakt bewurzelte Stämme wurden, die weiterhin mit dem Ursprungsbaum verbunden bleiben.

▶ Die **Floßform** entwickelt sich aus einem umgestürzten Baum, dessen ehemalige Äste zu neuen Stämmen herangewachsen sind. Der ehemalige Stamm bildet nun die verbindende „Wurzel".

▶ Bei der **Landschaftsform** kombiniert man die Bäume mit eindrucksvollen Steinen, die Felsen darstellen.

Die abgeleiteten Grundstilarten

Neben den soeben genannten Stilarten gibt es viele abgeleitete Grundstilarten. Hier sollen nur einige Beispiele genannt werden:

▶ Bei der **Literatenform** versucht der Gestalter, einen in Askese lebenden Gelehrten darzustellen. Der schlanke Stamm mit den wenigen mäßig belaubten Ästen und der ausgeprägten Krone vermag die Zurückgezogenheit des Gelehrten gut zu vermitteln.

▶ Die **gelehnte Form** leitet sich entweder von der frei aufrechten Form oder der streng aufrechten Form ab. Hier hat der Stamm eine Neigung zwischen 11° und 45° gegenüber der Erdoberfläche. Die Äste sind so gestaltet, daß sie dem Baum seine Stabilität wiedergeben.

▶ Mit der **windgepeitschten Form** empfindet der Gestalter eine Szenerie in windexponierter Lage nach. Stamm und Äste weisen in die dem Wind abgewandte Richtung.

Bei der Literatenform muß der schlanke Stamm viel Aussage haben.

Bei der Felspflanzung umgreifen dicke Wurzeln den Fels.

▶ Die **Felspflanzungen** schließlich stellen einen Baum dar, der auf einem Felsen keimte und mit seinen Wurzeln diesen umschließt. Die Erosion hat im Laufe der Jahrzehnte die Erde von den dicken Wurzeln abgewaschen und sie damit freigelegt. Die den Baum versorgenden Wurzeln streben an der Felsenbasis ins Erdreich.

▶ Mit den **Mame-Bonsai** wird die Miniaturisierung besonders extrem. Alle vorher genannten Stilarten können auch eine Reduzierung auf bis zu 20 Zentimeter Maximalhöhe erfahren und immer noch ganz natürlich wirken. Hier werden an das gestalterische und pflegerische Können besonders hohe Anforderungen gestellt.

Geeignete Baumarten

Tropische und subtropische Schönheiten

Als Zimmer-Bonsai sind ausschließlich Bäume der Tropen und der Subtropen geeignet. Für die Überwinterung einiger Arten ist ein Wintergarten oder ein Gewächshaus zu empfehlen, da subtropische Bäume im Winter kühlere Temperaturen benötigen.

Bei kühler Überwinterung wirft die Sageretie (*Sageretia thea*) ihr Laub ab.

In den Tropen herrschen das ganze Jahr über gleichbleibende Temperaturen und eine hohe Luftfeuchtigkeit. Ähnliche Bedingungen bieten unsere Wohnräume. Lediglich die Luftfeuchtigkeit und das Licht lassen hier vor allem im Winter häufig zu wünschen übrig. Aufgestellte Wassergefäße können Abhilfe schaffen. Bei manchen **Warmhauspflanzen** (Seite 16 bis 27 - rot unterlegte Pflanzennamen), ist ein häufigeres Übersprühen notwendig.

Birkenfeigen mit unterschiedlichem Laub und Felsen bilden eine Landschaft.

Entsprechende Angaben finden Sie in den Pflegehinweisen.
Bäume aus subtropischen Regionen unserer Erde, die **Kalthauspflanzen** (Seite 28 bis 43 - blau unterlegte Pflanzennamen), können nur bedingt als Zimmer-Bonsai gehalten werden. In den Subtropen haben wir einen ausgeprägten Jahreszeitenwechsel mit deutlich niedrigeren Temperaturen im Winter. Die Temperaturen fallen zwar normalerweise nicht unter den Gefrierpunkt, liegen aber im

Mittel um 10 °C und damit unter den Temperaturen in unseren geheizten Wohnräumen. Bei diesen Arten ist für eine gesunde Pflege eine kühle Überwinterung angezeigt. Hier eignet sich ein kühler Wintergarten oder ein kühles Gewächshaus als Standort für den Winter. Zur Not kann aber auch ein ungeheizter Raum, der bei Temperaturen von etwa 10 °C gehalten wird, verwendet werden. Auf keinen Fall für das Zimmer geeignet sind alle Baum- und Straucharten, die aus Regionen kommen, die der unseren entsprechen. Alle Außen-Bonsai, wie zum Beispiel Eichen, Buchen oder auch Kiefern, dürfen nur im Ausnahmefall im Sommer für zwei bis drei Tage im Zimmer präsentiert werden.

KOPROSMA
Coprosma x kirkii

Die Koprosma stammt aus Neuseeland und ist dort wild als Bastard aus den Arten *Coprosma acerosa* und *C. repens* entstanden. Sie ist ein niederliegender, kleiner Strauch bis zu 90 Zentimeter Höhe. Seine vielen langen Äste und Zweige breiten sich weit aus, wodurch die Pflanze zum Bodendecker wird. In der Bonsai-Gestaltung läßt sich diese Tatsache nutzen, um eine schnelle Stammverdickung zu erzielen.
Die Blätter (Abb. oben) sind lanzettformig, klein, gegenständig, fast quirlig angeordnet und hellgrün. Die Nebenblätter, ein Merkmal der Krappgewächse (*Rubiaceae*), sind paarweise verwachsen und stehen zwischen Blattstiel und Zweig. Die Röhrenblüten häufen sich zu dichten Köpfchen, erscheinen an der Spitze diesjähriger Triebe und verleihen der Pflanze ein schönes Aussehen.

Standort: Die *Coprosma* braucht viel Licht, sollte aber nicht in der prallen Sonne stehen. Sie kann das ganze Jahr über im Zimmer gehalten werden, wobei im Winter auf eine Nachtabsenkung auf höchstens 18 °C zu achten ist. Den Sommer über kann sie halbschattig im Freien stehen.
Gießen: Der Wurzelballen sollte das ganze Jahr über mäßig feucht gehalten werden. Vor dem Gießen den Boden leicht antrocknen lassen. Im Winter bei kühler Überwinterung ist der Wasserbedarf noch geringer.
Düngen: Vom Frühjahr bis zum Herbst alle zwei Wochen, im Winter alle vier Wochen mit einem Flüssigdünger versorgen. Bei kühler Überwinterung unter 15 °C nicht düngen.
Umtopfen: Alle zwei bis drei Jahre im Frühjahr mit einem mäßigen Wurzelschnitt. Eine Erdmischung aus Akadama, Rindentorf und Sand im Verhältnis 1 : 4 : 2 verwenden.
Schneiden: Damit Äste und Zweige schneller dick werden, läßt man die neuen Triebe auf acht bis zehn Zentimeter heranwachsen und schneidet dann auf ein bis zwei Zentimeter zurück. Alle Triebe, die nahe am Stammansatz wachsen, werden entfernt. Die Art eignet sich gut für die Gestaltung von Mehrfachstämmen. Dazu drückt man einige eng am Stammansatz lang wachsende Triebe am Boden an; sie bewurzeln an der Unterseite.
Drahten: Gedrahtet werden kann das ganze Jahr über. Die Triebe sollten vor dem Drahten leicht verholzt sein.

Diese *Coprosma* ist noch jung und wird sich in den nächsten Jahren entwickeln müssen.

DICKBLATT
Crassula arborescens

Aus den trockenen, warmen Gegenden Südafrikas stammt das Dickblatt oder der Geldbaum. Typisch sind die flachen, fleischigen, weißgrau bereiften Blätter. Manchmal bilden sich sogar an den Spitzen der Triebe Blüten (Abb. oben).
In den Blättern und dem wenig verholzenden Stamm kann die Pflanze große Mengen Wasser speichern. So übersteht der reich verzweigte Strauch oder kleine Baum (bis drei Meter hoch) auch einmal eine kurzeTrokkenperiode schadlos. Sie verzeiht also den einen oder anderen Pflegefehler recht gut, wodurch sich die *Crassula* besonders gut als „Anfänger-Bonsai" eignet. Besonders die Zuchtform *Crassula arborescens minor* läßt sich gut gestalten. Ihre kleineren Blätter passen sehr gut zu einem Miniatur-Bonsai.

Standort: Kann das ganze Jahr über bei Temperaturen zwischen 8 °C und 22 °C im Zimmer gehalten werden. Bis zu den ersten Frösten Anfang Oktober ist ein Standort im Freien ideal. Sowohl im Zimmer als auch im Freien verträgt die *Crassula* nicht nur den Halbschatten, sondern auch die volle Sonne.
Gießen: Vor dem Gießen sollte die Erde angetrocknet sein, um dann wieder ergiebig zu gießen.
Düngen: Vom Frühjahr bis zum Herbst alle vier Wochen mit einem Flüssigdünger. Im Winter wird nicht gedüngt.
Umtopfen: Alle zwei bis drei Jahre am günstigsten im Frühjahr mit einem mäßigen Wurzelschnitt. Eine Erdmischung aus Akadama, Rindentorf und Sand im Verhältnis 1 : 2 : 2 verwenden.
Schneiden: Die sich immer wieder am Stamm und an den dickeren Ästen bildenden Blätter werden sofort entfernt, um den Baumcharakter zu erhalten. Ansonsten läßt man die neuen Triebe bis zur gewünschten Länge heranwachsen und schneidet dann die Triebspitze ab. Zur besseren Wundverheilung sollte oberhalb eines Schnittes ein etwa ein Zentimeter langes Triebstück stehen bleiben. Nach einiger Zeit hat sich ein Abschlußgewebe gebildet, das Triebstück trocknet oberhalb ab und kann nun entfernt werden.
Drahten: Nur sehr vorsichtig drahten, da die Äste und Zweige leicht abbrechen und die Rinde sehr empfindsam ist. Günstiger ist es, mit Spanndrähten zu arbeiten.

Das Dickblatt als Doppelstamm wirkt sehr imposant.

FUKIEN-TEE
Ehretia microphylla
früher: *Carmona m.*

Der Fukien-Tee hat seine Heimat in Südchina in der Provinz Fukien. Hier in den Tropen wächst er zu einem immergrünen Strauch heran, der das ganze Jahr über kleine weiße Blüten trägt, aus denen sich erst grüne (Abb. oben), dann hellrote Beeren bilden. Die Blätter sind glänzend dunkelgrün mit kleinen weißen Drüsen auf der Oberseite.
Die Rinde ist bräunlich-beige und weist viele Stammatmungszellen (Lentizellen) auf. Sowohl der Stamm als auch die Äste und Zweige wachsen immer ganz gerade, wodurch nach Schnittmaßnahmen abrupte Richtungsänderungen entstehen. Verholzte Triebe sind sehr hart, so daß man auch nur leicht verholzte Triebe drahten sollte. Die stark verholzten Triebe hingegen brechen beim Biegen sehr schnell.

Standort: Das ganze Jahr über in der Wohnung an einem hellen Fenster bei Temperaturen zwischen 10 °C und 24 °C. Vor praller Mittagssonne schützen. Im Sommer an einen halbschattigen Standort im Freien stellen.
Gießen: Der Wurzelballen sollte immer gleichmäßig feucht gehalten werden. Bei Ballentrockenheit stirbt die *Ehretia* sehr schnell ab.
Düngen: Bei mäßig feuchtem Ballen besteht beim Düngen die Gefahr, daß die Wurzeln verbrennen.
Vom Frühjahr bis zum Herbst alle zwei Wochen, bei warmer Überwinterung alle sechs Wochen mit einem Flüssigdünger.
Umtopfen: Alle zwei Jahre im Frühjahr mit einem mäßigen Wurzelschnitt. Eine Erdmischung aus Akadama, Rindentorf und Sand im Verhältnis 2 : 1 : 1 verwenden.
Schneiden: Den Neuaustrieb auf sechs bis acht Blätter heranwachsen lassen und dann auf zwei bis drei Blätter zurückschneiden. Stärkere Äste können das ganze Jahr über geschnitten werden. Alle zwei bis drei Jahre sollte die Form überarbeitet werden. Dabei werden zu dicht gewachsene Astetagen ausgedünnt und trockene Äste und Zweige herausgeschnitten.
Drahten: Bei richtigem Schnitt ist eine Gestaltung ohne Draht möglich. Bei bereits verholzten Trieben muß das Biegen nach dem Drahten sehr vorsichtig geschehen, da die Triebe sehr spröde sind. Am besten sind junge, gerade verholzende Triebe zu drahten.

Der Fukien-Tee ist im chinesischen Stil gestaltet und steht in einer klassischen Schale.

BIRKENFEIGE
Ficus benjamina* und *F. b. 'Starlight'

Wie alle *Ficus*-Arten, die für die Zimmerkultur geeignet sind, stammt auch die Birkenfeige aus den Tropen. In ihrer Heimat Indien wächst sie zu einem stattlichen Baum von bis zu 30 Metern Höhe heran.
Die Blätter sind dünn, ledrig, bis zehn mal fünf Zentimeter lang, elliptisch. Sie werden gegen die Basis breiter und haben eine Spitze, die lang gebogen ist.
Bei erhöhter Luftfeuchtigkeit bildet die Birkenfeige auch Luftwurzeln aus. Es bilden sich hierbei Wurzeln an der Unterseite der Äste, die langsam auf den Boden zuwachsen.
Die Zuchtform *F. benjamina* 'Starlight' hat panaschierte Blätter (Abb. oben). In jedem Blatt sieht man Regionen mit viel und mit wenig Blattgrün, was die typische Scheckung ergibt.

Standort: Die Birkenfeige braucht das ganze Jahr über einen hellen bis halbschattigen Standort. Im Sommer sollten die Temperaturen zwischen 18 °C und 22 °C liegen. Im Winter darf die Temperatur nicht unter 16 °C sinken. Im Sommer ist ein Standort im Freien günstig, dabei langsam an die Sonne gewöhnen.
Gießen: Das ganze Jahr über muß der Boden eine gleichmäßige Feuchtigkeit haben. Sowohl auf Staunässe als auch auf Ballentrockenheit reagiert die Birkenfeige mit Laubabwurf.
Düngen: Vom Frühjahr bis zum Herbst alle zwei Wochen mit einem Flüssigdünger. Im Winter wird nur bei kühler Überwinterung alle vier Wochen gedüngt. Bei höheren Temperaturen im Winter alle zwei Wochen düngen.
Umtopfen: Alle zwei bis drei Jahre wird mit einem mäßigen Wurzelschnitt in eine Mischung aus Akadama, Rindentorf und Sand im Verhältnis 1 : 4 : 1 umgetopft.
Schneiden: Neue Triebe läßt man auf sechs bis acht Blätter heranwachsen und schneidet dann auf zwei bis drei Blätter zurück. Größere Blätter, aus deren Achseln neue Zweige gewachsen sind, werden regelmäßig entfernt. Aus allen Schnittstellen tritt weißer Milchsaft aus, der eintrocknet und einen guten Wundverschluß darstellt.
Drahten: Nur bereits verholzte Zweige und Äste werden bei Bedarf gedrahtet. Den Draht nach einem halben Jahr wieder entfernen.

Eine Zuchtform der Birkenfeige (*Ficus benjamina* 'Starlight') mit farbigem Laub.

BUCHSBAUM-BLÄTTRIGE FEIGE
Ficus leprieurii
früher: *F. buxifolia*

In ihrer afrikanischen Heimat, dem Kongo-Gebiet, wird diese Feige ein großer Strauch bis kleiner Baum. Das Klima in unserer Wohnung ähnelt, bis auf die trokkene Luft, dem ihrer Heimat. Regelmäßiges Übersprühen der Blätter kann daher nicht schaden. Die verkehrt eiförmigen, ledrigen, dunkelgrünen Blätter erinnern an die des Buchsbaumes. Äste und Zweige sind dünn und biegsam, bringen aber eine dichte Verzweigung hervor.
Auch der Stamm wird nicht schnell dick.
Schon in jungen Jahren bilden sich in den Blattachseln der Spitzenblätter meist zwei kleine, zunächst grüne Feigen (Abb. oben). Leider reifen die Früchte unter den Bedingungen in unseren Wohnräumen häufig nicht aus.

Standort: Die Buchsbaumblättrige Feige braucht das ganze Jahr über einen hellen bis halbschattigen Standort ohne direkte Sonneneinstrahlung. Im Sommer sollten die Temperaturen zwischen 20 °C und 28 °C liegen. Im Winter muß die Temperatur über 16 °C liegen. Sobald die Temperaturen im Frühling über 16 °C bleiben, wird sie ins Freie in den Halbschatten gestellt.
Gießen: Der Ballen sollte vor dem Gießen leicht antrocknen, ohne dabei auszutrocknen. Weder Ballentrockenheit noch Staunässe werden von der Pflanze vertragen.
Düngen: Vom späten Frühjahr bis zum frühen Herbst alle zwei Wochen mit einem Flüssigdünger versorgen. Im Winter nur alle vier bis sechs Wochen.

Umtopfen: Im zeitigen Frühjahr alle zwei bis drei Jahre in eine Mischung aus Akadama, Rindentorf und Sand im Verhältnis 1 : 4 : 1 nach einem Wurzelschnitt umtopfen.
Schneiden: Da bei dieser *Ficus*-Art das Dickenwachstum nur sehr langsam ist, läßt man, zur Verdickung, den Neuaustrieb sehr lang auswachsen (ca. 30 Zentimeter) und schneidet dann auf zwei bis drei Blätter zurück. Für die feine Verästelung läßt man ihn auf zehn bis zwölf Blätter auswachsen und kürzt dann auf zwei bis drei Blätter ein.
Drahten: Am besten werden die Triebe im späten Frühjahr gedrahtet, da sie danach am meisten Holzmasse produzieren. Dickere Triebe lassen sich nur schlecht drahten.

Ein Miniatur-Bonsai aus *Ficus leprieurii*

BANYAN-BAUM
Ficus microcarpa
früher: *F. retusa*

Aus Ostindien und Ceylon kommt diese Feigen-Art. Ihr äußeres Erscheinungsbild erinnert an die Birkenfeige, sie ist im Wuchs aber kräftiger als diese. Die Blätter sind oval bis rhombisch, ledrig und glänzend grün. Wie bei vielen Feigen-Arten laufen sie in eine sogenannte Träufelspitze aus, die bei Regen das Wasser dem Wurzelballen schnell zuführt.
Bei vielen älteren Bonsai aus *F. microcarpa* finden wir einen besonders schön ausgeprägten Wurzelhals. Solche Wurzelhälse entstehen häufig durch die Verschmelzung von ehemaligen Luftwurzeln mit dem schnell dicker werdenden Stamm des Baumes. Dünnere Stämme lassen sich rasch verdicken, indem man mehrere Triebe sehr lang auswachsen läßt und sie danach ganz herausschneidet.

Standort: Die Pflanze benötigt einen vollsonnigen, warmen Standort mit Temperaturen zwischen 15 °C und 28 °C. Lediglich in der größten Sommerhitze sollten die Blätter vor der prallen Sonne geschützt werden. Im Sommer liebt sie einen hellen Standort im Freien.
Gießen: Der Ballen sollte vor dem Gießen leicht antrocknen, ohne dabei auszutrocknen. Weder Ballentrockenheit noch Staunässe werden von der Pflanze vertragen.
Düngen: Vom späten Frühjahr bis zum frühen Herbst alle zwei Wochen mit einem Flüssigdünger düngen. Im Winter nur alle vier bis sechs Wochen.
Umtopfen: Im zeitigen Frühjahr alle zwei bis drei Jahre in eine Mischung aus Akadama, Rindentorf und Sand im Verhältnis 1 : 3 : 2 mit einem Wurzelschnitt umtopfen.
Schneiden: Junge Triebe läßt man auf sechs bis acht Blätter heranwachsen und schneidet dann auf zwei bis drei Blätter zurück. Gleichzeitig werden übergroße Blätter entfernt. Senkrecht nach oben wachsende Äste und Zweige werden herausgeschnitten. Zur besseren Verzweigung kann man auch alle drei bis vier Jahre im Frühsommer einen vollständigen Blattschnitt durchführen. Dabei werden alle Blattflächen abgeschnitten, während die Blattstiele stehen bleiben. Nach etwa vier Wochen haben sich neue Blätter gebildet.
Drahten: Juli und August ist die günstigste Drahtungszeit. Nach einem halben Jahr wird der Draht wieder entfernt.

Bei dem alten *Ficus microcarpa* ist die Rinde recht knotig geworden (Abb. oben).

OLEANDER-BLÄTTRIGE FEIGE
Ficus neriifolia

Diese Feigen-Art ist für den Bonsai-Freund ihrer kleinen Blätter wegen sehr interessant.
Die Oleanderblättrige Feige hat schmale, lanzettliche, ledrige, dunkelgrüne Blätter. Bei ausreichendem Licht stehen die Blätter dicht beieinander (Abb. oben). Im Winter verliert sie häufig ihr ganzes Laub.
Der Stamm nimmt rasch an Dickenwachstum zu. Meist wächst der Stamm ganz gerade und trägt eine weit ausladende, schirmförmige Krone.
Im Unterschied zu vielen anderen *Ficus*-Arten kann man bei der recht jungen Oleanderblättrigen Feige einen schönen Stammfuß herausarbeiten. Durch diese Eigenschaft wird schon früh der Eindruck eines großen Baumes in der freien Natur erzeugt.

Standort: Die Oleanderblättrige Feige braucht einen vollsonnigen, warmen Standort mit Temperaturen zwischen 15 °C und 24 °C. Besonders der Ballen sollte warm gehalten werden, weshalb ein Standort über der Heizung günstig ist. Im Sommer liebt sie einen vollsonnigen Standort im Freien. Auf Standortwechsel, Staunässe und Ballentrockenheit reagiert sie mit Blattabwurf.
Gießen: Der Ballen sollte vor dem Gießen leicht antrocknen, ohne dabei auszutrocknen. Nach einem Laubabwurf nur mäßig gießen.
Düngen: Vom späten Frühjahr bis zum frühen Herbst alle zwei bis drei Wochen mit einem Flüssigdünger düngen. Im Winter nur alle vier bis sechs Wochen Dünger geben.

Umtopfen: Im zeitigen Frühjahr alle zwei bis drei Jahre in eine Mischung aus Akadama, Rindentorf und Sand im Verhältnis 1 : 4 : 1 nach einem Wurzelschnitt umtopfen.
Schneiden: Während der Wachstumszeit läßt man die Neutriebe auf zehn bis zwölf Blätter heranwachsen und schneidet dann auf zwei bis drei Blätter zurück. Alle Triebe, die im Innern der Krone quer durchwachsen und alle senkrecht nach oben wachsenden Triebe werden ganzjährig entfernt. Große Blätter sollten ebenfalls entfernt werden.
Drahten: Drahtungszeit ist hier Juli und August. Alle bereits verholzten Triebe können nun gedrahtet werden. Nach einem halben Jahr wird der Draht wieder entfernt.

Eine Oleanderblättrige Feige in Form eines Mehrfachstammes

ORANGENJASMIN
Murraya paniculata

Der immergrüne, baumartig wachsende Strauch kommt aus Indien.
Die Rinde ist glatt und hat eine helle Ockerfarbe. Da der Orangenjasmin relativ schnellwüchsig ist, erhält man innerhalb weniger Jahre einen Bonsai mit ausgeprägtem Stamm, wenn man die Triebe einige Jahre lang immer wieder lang durchtreiben läßt.
Die Blätter sind glänzend grün und unpaarig gefiedert. Das bedeutet, daß jedes Blatt sich aus einer ungeraden Zahl von Einzelblättchen zusammensetzt. Diese sind rautenförmig mit einer runden Spitze.
Attraktiv sind nicht nur die weißen Blüten (Abb. oben), sondern auch die roten Beerenfrüchte. Wenn die Früchte ausgereift sind, keimen die frischen Samen sehr leicht, sobald man sie in die Erde legt.

Standort: Die *Murraya* benötigt einen hellen, aber sonnengeschützten Platz bei Temperaturen zwischen 20 °C und 22 °C. Auch im Winter dürfen die Temperaturen nicht unter 12 °C absinken. Da sie für ein gesundes Wachstum eine erhöhte Luftfeuchtigkeit braucht, ist ein Standort in einem Gewächshaus wünschenswert. Im normalen Zimmer muß täglich übersprüht werden. Im Sommer ist ein halbschattiger Standort im Freien zu wählen.
Gießen: Der Wasserbedarf ist in der Wachstumszeit sehr hoch. Die Erde muß in dieser Zeit stets feucht gehalten werden. Bei kühler Überwinterung wird der Wasserbedarf deutlich geringer.
Düngen: In der Wachstumszeit alle zwei Wochen mit einem Flüssigdünger düngen. Bei einer warmen Überwinterung über 18 °C alle vier bis sechs Wochen. Bei kühler Überwinterung nicht düngen.
Umtopfen: Im zeitigen Frühjahr bei gut durchwurzeltem Ballen in eine Mischung aus Akadama, Rindentorf und Sand im Verhältnis 2:2:1 mit einem Wurzelschnitt umtopfen.
Schneiden: Da sich die Blüten etwa im Juni an den Spitzen diesjähriger Triebe bilden, erst nach der Blütezeit zurückschneiden. Ansonsten läßt man junge Triebe auf sechs bis sieben Blätter wachsen oder wartet, bis sie zu verholzen beginnen, und schneidet dann auf zwei bis drei Blätter zurück.
Drahten: Dicke Äste lassen sich nur schwer biegen. Junge Triebe werden erst gedrahtet, wenn sie verholzt sind.

Eine *Murraya paniculata* mit ausgeprägtem Wurzelansatz

MYRSINE
Myrsine africana

Die Myrsine ist im südlichen Afrika, in Südchina und in Indien beheimatet. Hier wächst sie zu einem 60 bis 100 Zentimeter hohen, regelmäßig reich verzweigten Bäumchen heran.
Gut verzweigte Myrsinen-Bonsai mit einem deutlichen Stamm sind kleine Kostbarkeiten, da sie nur sehr langsam wachsen.
Ihre kleinen Blätter (Abb. oben) sind ledrig, dunkelgrün und häufig an der Spitze leicht eingekerbt.
Aus den Blattachseln spitzenständiger Blätter wachsen kleine weiße Blüten. Aus den befruchteten Blüten entwickeln sich purpurblaue Früchte, die die eigentliche Attraktivität der Pflanze ausmachen, stellen sie doch einen herrlichen Kontrast zu den dunkelgrünen Blättern dar. Bei kühlem Standort bleiben die Früchte länger an der Pflanze.

Standort: Die *Myrsine* braucht einen hellen, sonnigen Standort bei Temperaturen zwischen 15 °C und 22 °C mit erhöhter Luftfeuchtigkeit. Wenn sich die Beeren gebildet haben, sollte sie kühler stehen, damit sich die Beeren länger halten. Im Sommer ist sie für einen sonnigen Standort im Freien dankbar.
Gießen: Während der Blütezeit und in der Zeit der Fruchtbildung ist der Wasserbedarf erhöht. Die Erde sollte jetzt niemals ganz austrocknen. In der übrigen Zeit sollte der Boden immer feucht gehalten werden; Staunässe aber vermeiden.
Düngen: In der Wachstumszeit alle zwei Wochen mit einem Flüssigdünger. Während der Blütezeit nicht düngen, im Winter alle sechs Wochen.
Umtopfen: Im zeitigen Frühjahr in eine Mischung aus Akadama, Rindentorf und Sand im Verhältnis 2:2:1 mit einem Wurzelschnitt umtopfen.
Schneiden: Die Blüten und Früchte bilden sich aus den Blattachseln spitzenständiger Blätter; daher erst nach dem Fruchtabwurf wieder in Form bringen. Junge Triebe läßt man auf sechs bis sieben Blätter wachsen und schneidet sie dann auf zwei bis drei Blätter zurück.
Drahten: Mit dem Drahten wartet man auf den Abwurf der Früchte und drahtet dann nur bereits verholzte Triebe.
Meist ist eine Drahtung aber gar nicht erforderlich, da sich die Pflanze auch gut nur durch den Schnitt gestalten läßt.

Eine noch junge *Myrsine* in Besenform. In den nächsten Jahren wird der Stamm dicker.

SPECKBAUM, ELEFANTENSTRAUCH

Portulacaria afra

Der Speckbaum kommt aus dem südlichen Afrika und wächst dort in Gebieten mit nur geringen Niederschlägen. Als Anpassung an diesen Lebensraum kann er sowohl im Stamm und den Ästen als auch in den fleischigen Blättern verhältnismäßig viel Wasser speichern.

Zum Schutz gegen eine unkontrollierte Wasserverdunstung sind die Blätter von einer dichten Wachsschicht überzogen.

Stamm, Äste und Zweige sind deutlich in ringförmige Abschnitte unterteilt (Abb. oben). Wird zwischen zwei Ringen zurückgeschnitten, trocknet der verbliebene Ast bis zum nächsten Ring zurück und fällt schließlich ab.

Die eher unscheinbaren Blüten erscheinen an der Spitze junger Triebe.

Standort: Der Speckbaum kann sowohl volle Sonne vertragen als auch im Halbschatten stehen. Je heller der Standort ist, um so kompakter wird sein Wuchs. Er kann ganzjährig im Zimmer stehen, empfindet es aber als angenehm, den Sommer im Freien verbringen zu dürfen. Im Winter verträgt er auch Temperaturen um 10 °C.

Gießen: Vor jedem Gießen sollte die Erde immer erst gut antrocknen. Wegen seiner guten Wasserspeicherfähigkeit verträgt er vier Wochen ohne Wassergabe. Spätestens wenn die Blätter leicht schrumpelig werden, sollte wieder gewässert werden.

Düngen: In der Wachstumszeit alle vier Wochen mit einem Flüssigdünger düngen. Im Winter braucht – vor allem bei kühler Überwinterung – kein Dünger gegeben zu werden.

Umtopfen: Im späten Frühjahr in eine Mischung aus Akadama, Rindentorf und Sand im Verhältnis 2 : 1 : 2 mit einem Wurzelschnitt umtopfen.

Schneiden: Sobald sich fünf bis sechs Blattpaare gebildet haben, schneidet man auf ein bis zwei Blattpaare zurück. Um eine gute Transparenz des Bonsai zu erhalten, werden Triebe direkt am Stamm oder an der Basis dickerer Äste entfernt. Bei jedem Schnitt läßt man ein kurzes Triebstück stehen. Das Triebstück vertrocknet bald und fällt ab.

Drahten: Der Speckbaum läßt sich gut ohne Draht gestalten.

Starke Wurzeln der *Portulacaria afra* umgreifen kraftvoll den Felsen.

LACKBLATT
Schefflera arboricola

Die handförmig zusammengesetzten Blätter sind das hervorstechendste Merkmal einer Lackblattpflanze. Das Blatt hat insgesamt einen Durchmesser von etwa 20 Zentimetern (Abb. oben). In ihrer Heimat, Neuseeland und Australien, wird sie zu einem ein bis drei Meter hohen, nur wenig verzweigten kleinen Baum oder großen Strauch. Bei Exemplaren, die in hoher Luftfeuchtigkeit gehalten werden, bilden sich Luftwurzeln aus, die bis zum Boden herabwachsen, dort bewurzeln und den Stamm zusätzlich stützen.
Eine mehr oder weniger starke Verzweigung entwikkelt sich nur, wenn die jeweiligen Triebspitzen immer wieder entfernt werden. Aus den Blattachseln, aber auch oberhalb der älteren Blattnarben, treibt die Pflanze mit neuen Trieben aus.

Standort: Damit die Blattstiele kurz und die Blattflächen relativ klein bleiben, sollte ein möglichst heller und sonniger Fensterplatz zur Verfügung stehen. Die richtigen Temperaturen liegen im Sommer zwischen 18 °C und 28 °C und im Winter nicht unter 15 °C, wodurch ein ganzjähriger Standort im Zimmer möglich ist.
Gießen: Der Boden sollte nur mäßig feucht gehalten werden, damit die Blätter nicht zu groß werden. Staunässe und Bodentrockenheit werden nicht vertragen. Günstig wirkt sich auch regelmäßiges Übersprühen der Pflanze aus.
Düngen: In der Wachstumszeit alle vier Wochen mit einem Flüssigdünger düngen, der einen geringen Nitratanteil hat.
Umtopfen: Die Pflanze alle zwei Jahre im Frühjahr in eine Mischung aus Akadama, Rindentorf und Sand im Verhältnis 1:1:1 mit einem Wurzelschnitt versehen und umtopfen.
Schneiden: Um eine baumartige Verzweigung aufzubauen, werden die Triebspitzen, sobald der jeweilige Trieb die gewünschte Länge erreicht hat, abgeschnitten. Gleichzeitig werden zu große Blätter entfernt. Dabei läßt man die Blattstiele stehen. Sie fallen nach etwa vier Wochen von selbst ab. Das ist notwendig, damit sich ein gesundes Blattnarbengewebe bilden kann.
Drahten: Noch grüne, wenig verholzte Triebe müssen sehr vorsichtig gedrahtet werden. Leicht wird die Rinde beim Drahten verletzt.

Häufig werden Lackblätter als Vielfachstamm gestaltet. Rechtzeitiger Triebrückschnitt ist notwendig.

KIRSCHMYRTE
Syzygium paniculatum
früher: *Eugenia paniculata*

In ihrer Heimat Australien wird die Kirschmyrte zu einem großen Strauch oder einem kleinen Baum von bis zu drei Metern Höhe.
Die Blätter sind immergrün, relativ dünn, elliptisch und dunkelgrün glänzend. Sie stehen entweder gegenständig oder bilden Quirle zu dreien. In der vollen Sonne färben sich die jungen Blätter an den Triebspitzen leuchtend rot.
Eine besondere Attraktion stellen die reinweißen Blüten dar, die in Büscheln an verholzten Kurztrieben im Juni und Juli erscheinen. Die sich bildenden sehr dekorativen Früchte sind eiförmig, fleischig und feuerrot bis violett (Abb. oben).
Die Rinde ist dünn, ihre Farbe bräunlich bis bronzefarben, bei manchen Varietäten auch grünlich schimmernd.

Standort: Das ganze Jahr über an einem sonnigen Fensterplatz. Von Anfang Juni bis Ende September lassen die Temperaturen auch einen vollsonnigen Standort im Freien zu.
Gießen: Im Sommer muß viel gegossen werden, wobei man die Erde vorher immer leicht antrocknen lassen sollte. Sowohl Trockenheit als auch Staunässe werden durch Laubabwurf beantwortet. Im Winter sollte die Erde gleichmäßig feucht gehalten werden.
Düngen: Vom Frühjahr bis zum Herbst alle zwei Wochen mit einem Flüssigdünger. Im Winter wird alle vier Wochen gedüngt.
Umtopfen: Meist hat der Wurzelballen nach ein bis zwei Jahren den Schalenraum ausgefüllt. Jetzt wird im Frühjahr mit einem kräftigen Wurzelschnitt in eine Erdmischung aus Akadama, Rindentorf und Sand im Verhältnis 1:1:1 umgetopft.
Schneiden: Junge Triebe läßt man auf sechs bis acht Blattpaare oder Quirle heranwachsen und schneidet sie dann auf ein bis zwei Blattansätze zurück. Regelmäßig werden quer wachsende oder steil wachsende Zweige herausgeschnitten. Mit Rücksicht auf die Blüten- und Fruchtbildung werden Kurztriebe erst nach der Fruchtreife beschnitten.
Drahten: Entweder im März oder im Spätsommer werden bereits verholzte Triebe vorsichtig gedrahtet. In der übrigen Zeit können Äste und Zweige mit Spanndrähten gestaltet werden.

Eine Kirschmyrte, wie sie typischerweise im Fachhandel angeboten wird.

BOUGAINVILLE
Bougainvillea glabra

Eigentlich handelt es sich bei der Bougainville um eine brasilianische Kletterpflanze. Da sie aber einen starken Stamm ausbildet, ist sie recht leicht in Baumform zu gestalten, wobei sie als großer Bonsai besonders gut wirkt.
Die lang wachsenden Zweige bilden neben den glänzend grünen, leicht behaarten Blättern auch Dornen aus. Bei den Dornen handelt es sich um kurz wachsende Nebentriebe. Besonders auffallend sind die meist violetten Scheinblüten (Abb. oben). Diese werden von sogenannten Hochblättern gebildet. Jeweils drei Hochblätter umschließen die eigentliche unscheinbare, weiße Blüte. Für eine reiche Blütenbildung ist nicht nur eine kühle Überwinterung, sondern auch ein heller Standort, im Sommer möglichst im Freien, notwendig.

Standort: Im Sommer ist ein Standort im Freien absolut erforderlich. Der Platz sollte warm und sonnig sein. Für den Winter braucht man ein Gewächshaus oder einen kühlen Raum mit Temperaturen von 6 °C bis 12 °C. Das Laub wird entweder ganz oder teilweise im Winter abgeworfen.
Gießen: Im Sommer und während der Blütezeit muß der Boden immer gut durchfeuchtet sein, ohne daß dabei Staunässe entsteht. Im Winter wird nur sehr mäßig gegossen, wobei der Boden aber nie ganz austrocknen darf.
Düngen: Mit einer wöchentlichen Düngung beginnt man im Frühjahr mit den ersten Blüten. Bis Ende August jede Woche einmal Flüssigdünger geben. Im Winter darf nicht gedüngt werden.
Umtopfen: Alle zwei Jahre vor dem Neuaustrieb oder im Oktober in eine Mischung aus Akadama, Rindentorf und Sand im Verhältnis 2:2:1 mit einem Wurzelschnitt umtopfen.
Schneiden: Die sehr langen Triebe müssen nach der Blüte bis ins alte Holz zurückgeschnitten werden. Bis Mitte Mai wird der Neuaustrieb immer wieder auf zwei bis drei Blätter eingekürzt. In der darauffolgenden Blütezeit wird nicht geschnitten.
Drahten: Im noch weichen Zustand lassen sich wenig verholzte Triebe recht leicht drahten. Vollständig verholzte Triebe lassen sich gar nicht mehr durch Draht formen.

Obwohl die Bougainville eine Kletterpflanze ist, bildet sie dennoch einen kräftigen Stamm aus.

BUCHSBAUM
Buxus* var. *sinica
früher: *B. harlandii*

Jedem ist der bei uns heimische Buchsbaum (*Buxus sempervirens*) als Heckenpflanze oder Skulpturstrauch der französischen Gärten bestens bekannt. Dieser Buchsbaum ist nicht zimmerhart, kann aber als Freilandbonsai gestaltet werden.

Die einzige auch im Zimmer überlebensfähige Buchsbaum-Art ist der aus den Subtropen stammende *B.* var. *sinica*. Er kommt aus Ostasien und den wärmeren Gegenden Japans. Hier entwickelt er sich zu einem großen buschigen Strauch oder auch zu einem kleinen Baum.

Seine Borke ist hell und tiefrissig (Abb. oben). Auch seine kleinen, stiellosen, länglich-eiförmigen, ledrigen, dunkelgrün glänzenden Blätter machen ihn zu einem geeigneten Bonsai-Kandidaten.

Standort: Im Sommer ein vollsonniger bis halbschattiger Standort im Freien. Im Winter ist ein kühler Raum oder ein Gewächshaus bei Temperaturen zwischen 3 °C und 10 °C notwendig.
Gießen: Im Sommer läßt man den Boden leicht antrocknen und wässert dann ausgiebig. Staunässe sollte vermieden werden. Im Winter ist der Wasserbedarf bei kühler Überwinterung gering. Den Boden aber ständig feucht halten.
Düngen: Vom Frühjahr bis Ende September alle zwei bis drei Wochen mit einem Flüssigdünger. Im Winter darf nicht gedüngt werden.
Umtopfen: Alle zwei Jahre vor dem Neuaustrieb oder im Oktober in eine Mischung aus Akadama, Rindentorf und Sand im Verhältnis 2:1:2 mit einem Wurzelschnitt umtopfen.
Schneiden: Neue Triebe läßt man auf sechs bis acht Blätter wachsen und schneidet dann auf zwei bis drei Blätter zurück. Dickere Äste können das ganze Jahr über entfernt werden. Alle zwei bis drei Jahre sollten die Astetagen überarbeitet und ausgedünnt werden.
Drahten: Mit Draht wird die Grundform des Stammes und der Äste gestaltet. Das Ausformen der Astetagen erfolgt dann durch den Schnitt. Sehr vorsichtig sollten Stamm und Äste gedrahtet werden, wenn sich schon die tiefrissige Borke gebildet hat. Leicht wird die Borke beschädigt. Es dauert häufig Jahre, ehe eine verletzte Rindenpartie ausgeheilt ist.

Durch geeigneten Rückschnitt lassen sich beim Buchsbaum schöne Astetagen herausarbeiten.

KAMELIE
Camellia japonica

Die Kamelie gehört zu den verholzenden Pflanzen mit den schönsten Blüten (Abb. oben). Dieser kleine Baum oder große Strauch wird in seiner ostasiatischen Heimat etwa zehn Meter hoch. Bei uns als Containerpflanze gepflegt wird sie selten höher als acht Meter.
Sie gehört zu den Tee-Gewächsen und hat wie diese ledrige, dunkelgrüne Blätter, die vorn zu einer Spitze auslaufen.
Die dunkel-rosaroten Blüten bilden sich in den Achseln diesjähriger Triebe und erscheinen im Spätherbst. Die dicken Blütenknospen sind gut von den länglichen, spitz zulaufenden Blattknospen zu unterscheiden.
Mittlerweile gibt es von der Kamelie viele Zuchtformen mit reinweißen, rosafarbenen oder roten Blüten, die einfach oder gefüllt sein können.

Standort: Da sich die Blüten bei Temperaturen um 23 °C am besten bilden, sollte im Sommer ein halbschattiger, warmer Standort im Freien gewählt werden. Im Winter ist ein Standort um 12 °C und mit erhöhter Luftfeuchtigkeit zu empfehlen. Die Blütenknospen werden bei höheren Temperaturen und niedrigerer Luftfeuchtigkeit leicht abgeworfen.
Gießen: Das Gießwasser sollte kalkfrei sein. Im Sommer wird der Boden gut feucht gehalten. Im Winter wird etwas weniger gegossen.
Düngen: In der Wachstumszeit alle zwei bis drei Wochen mit einem Azaleendünger düngen. Im Winter wird nicht gedüngt.
Umtopfen: Alle zwei bis vier Jahre nach der Blütezeit im späten Frühjahr in eine Mischung aus Akadama, Rindentorf und Sand im Verhältnis 1:2:1 mit einem mäßigen Wurzelschnitt umtopfen.
Schneiden: Zum ersten Mal wird nach der Blüte geschnitten. Mit Rücksicht auf die Blütenbildung wird nur der erste Neuaustrieb auf zwei bis drei Blätter zurückgeschnitten. Danach wird nicht mehr geschnitten. Jeder Neuaustrieb wird bei sechs bis acht Blättern auf zwei bis drei eingekürzt.
Drahten: Gedrahtet werden nur bereits verholzte Triebe. Leicht werden Blütenknospen abgeworfen, wenn man die Blütentriebe drahtet. Will man die Blüten haben, muß auf das Drahten verzichtet werden.

Auch außerhalb der Blütezeit wirkt die Kamelie sehr eindrucksvoll.

SÜDLICHER ZÜRGELBAUM
Celtis australis

Die Gattung *Celtis* umfaßt etwa 70 Arten aus Nordamerika, Südeuropa, dem Nahen und Fernen Osten. Die meisten Arten sind winterhart und laubabwerfend. Die tropischen und subtropischen Arten hingegen sind immergrün.
Der Südliche Zürgelbaum wird bis zu 25 Meter hoch und kann dabei einen Umfang von drei Metern haben. Einzelne Exemplare sollen mehr als 1000 Jahre alt sein. Die Rinde ist grau wie bei einer Buche (*Fagus*). Die Blätter sind eiförmig-lanzettlich und an der Basis keilförmig (Abb. oben). Auf der Blattoberfläche finden wir zunächst kurze, steife Haare, die später abfallen. Junge Triebe sind ebenfalls behaart. Die grünen Blüten sind klein und unscheinbar, sie zeigen sich mit dem Laubaufbruch.

Standort: Im Sommer ist ein heller, vollsonniger Standort im Freien der richtige. Überwintert wird der Zürgelbaum bei Temperaturen um 10 °C in einem kühlen Raum oder in einem Gewächshaus.
Gießen: Im Sommer wird der Boden gut feucht gehalten. Während des Winters kann etwas weniger gegossen werden.
Düngen: Bei Neuaustrieb wird mit dem Düngen begonnen. Bis zum Spätherbst alle zwei Wochen Flüssigdünger oder Kugeldünger geben. Im Winter wird nicht gedüngt.
Umtopfen: Alle zwei bis drei Jahre im zeitigen Frühjahr in eine Mischung aus Akadama, Rindentorf und Sand im Verhältnis 2:1:1 mit einem normalen Wurzelschnitt umtopfen.

Schneiden: Neue Triebe lassen wir auf sechs bis acht Blätter wachsen und schneiden dann auf zwei bis drei Blätter zurück. Dickere Äste und Zweige sollten bei Bedarf im zeitigen Frühjahr entfernt werden. Dünnere Triebe können das ganze Jahr über geschnitten werden.
Drahten: Dickere Triebe sind sehr hart, wenn auch relativ elastisch. Nach Möglichkeit sollten Drahtungen nur an dünneren, bereits verholzten Trieben stattfinden. Bei dikkeren Trieben können die Äste nach dem Entfernen des Drahtes leicht wieder in ihre alte Position zurückkehren. Hier kann es sinnvoller sein, mit Spanndrähten zu arbeiten, da diese nicht so leicht einwachsen. Sinnvoll ist es, die Spanndrähte zu unterpolstern.

Die beiden Stämme des Zürgelbaumes bilden eine dichte gemeinsame Krone aus.

MONTEREY-ZYPRESSE
Cupressus macrocarpa

Zypressen sind mit etwa 20 Arten im südlichen Nordamerika, den Mittelmeerländern, Westasien, dem westlichen Himalaja und China verbreitet. Die Monterey-Zypresse gehört zu den wenigen Arten, die für eine Kultur im Zimmer geeignet sind. In der Natur wird sie zu einem 25 Meter hohen Baum mit zunächst kegelförmiger, später breiter Krone. Die Borke älterer Bäume ist dunkelbraun und löst sich in dünnen Streifen ab. Ihre Nadelblätter liegen eng am Zweig an, sind 1 bis 2,5 Millimeter lang und dicht gestellt. Bei der Art sind sie grasgrün (Abb. oben), bei der Zuchtform Goldzypresse (*C. macrocarpa* 'Gold Crest') eher gelblich-grün. Die Zuchtform wächst sehr langsam und bildet erst im Alter einen nennenswerten Stamm aus.

Standort: Die Zypresse kann zwar das ganze Jahr über im Zimmer stehen, ist aber im Sommer für einen hellen, vor direkter Sonneneinstrahlung geschützten Standort im Freien dankbar. Im Winter benötigt sie Temperaturen zwischen 5 °C und 15 °C.
Gießen: Das ganze Jahr über mäßig feucht halten. Auf einen ständig sehr feuchten Boden reagiert die Zypresse sehr empfindlich. Im Winter noch weniger gießen, aber nicht austrocknen lassen.
Düngen: Vom Frühjahr bis zum Herbst alle zwei Wochen mit einem Flüssigdünger. Im Winter wird nicht gedüngt.
Umtopfen: Alle zwei bis drei Jahre im zeitigen Frühjahr in eine Mischung aus Akadama, Rindentorf und Sand im Verhältnis 1:1:2 mit einem Wurzelschnitt umtopfen.
Schneiden: Junge Bäume läßt man zur Verdickung für einige Jahre in einer größeren Schale wachsen und schneidet sie immer wieder nur in die Grundform zurück.
Äste können das ganze Jahr über geschnitten werden. Bei Bäumen mit dickerem Stamm werden die neuen Triebe, nachdem sie sich gestreckt haben, mit den Fingern auf ein Drittel ihrer Länge zurückgezupft oder mit einer Schere geschnitten.
Drahten: Sinnvollerweise gestaltet man die Zypresse in streng aufrechter Form oder in der Waldform. Hierbei muß der Stamm eigentlich nicht gedrahtet werden. Lediglich die aufrecht wachsenden Äste bringt man mit Hilfe des Drahtes stärker in die Horizontale.

Freundlich leuchtet das helle Grün der Nadeln der Zimmer-Zypresse.

IMMERGRÜNE ESCHE
Fraxinus uhdei

Der deutsche Name „Esche" kommt von dem nordischen Wort „Aska" und bedeutet Mensch. Nach der nordischen Schöpfungsgeschichte soll der Mensch aus dem Holz der Gemeinen Esche (*Fraxinus excelsior*) geformt worden sein.
Die Immergrüne Esche (*F. uhdei*) ist ein subtropischer Baum von 15 bis 20 Meter Höhe mit aschgrauer Rinde. Das Holz ist sehr hart, gleichzeitig aber sehr elastisch.
Die Blätter sind unpaarig gefiedert, dunkelgrün und gegenständig (Abb. oben). Jedes einzelne Blatt setzt sich aus meist sieben Einzelblättchen zusammen und wird etwa 20 Zentimeter lang. Die Teilblätter sind am Rand leicht gezähnt. Es stehen sich immer zwei Blätter genau gegenüber - wie bei einem Ahorn.

Standort: Im Sommer ist ein vollsonniger Standort im Freien besonders gut. Sie kann aber auch an einem hellen Fenster im Zimmer stehen. Im Winter sollte ein kühles Zimmer bei etwa 15 °C zur Verfügung stehen.
Gießen: Blattgröße und kompakter Wuchs lassen sich durch das richtige Gießen beeinflussen. Dazu läßt man die Erde vor dem Gießen leicht antrocknen. Auch im Winter nur mäßig feucht halten, aber nicht austrocknen lassen.
Düngen: Vom Frühjahr bis zum Herbst wird alle zwei Wochen mit einem Flüssigdünger gedüngt. Im Winter sollte alle sechs Wochen gedüngt werden.
Umtopfen: Alle zwei bis drei Jahre im zeitigen Frühjahr in eine Mischung aus Akadama, Rindentorf und Sand im Verhältnis 2:1:1 mit einem kräftigen Wurzelschnitt umtopfen.
Schneiden: Mit dem Rückschnitt der neuen Triebe warten, bis sie leicht verholzt sind. Nun werden die Triebe immer wieder auf ein bis zwei Blattpaare zurückgeschnitten. Sehr große Blätter sollte man regelmäßig entfernen. Hierzu schneidet man den Blattstiel kurz hinter seinem Zweigansatz durch. Aus seiner Achselknospe wächst ein neuer Trieb. Dickere Äste und querwachsende Zweige können das ganze Jahr über entfernt werden.
Drahten: Gedrahtet werden die verholzten Triebe vom Spätherbst an. Zur gleichen Zeit können auch dickere Triebe gedrahtet werden.

Die Immergrüne Esche hat lange, aus vielen Einzelblättchen zusammengesetzte Blätter.

MYRTE
Myrtus communis

In den kühleren Wohnräumen früherer Zeiten fehlte die Myrte eigentlich in keinem Haushalt.
Der kleine Strauch kommt im gesamten Mittelmeergebiet wild vor. Auf kalkarmen, kargen Böden wird sie dort bis zu fünf Meter hoch. Sie hat kleine, lanzettliche, dunkelgrüne, ganzrandige Blätter. In den Blattachseln erscheinen vom Sommer bis zum Herbst kleine weiße Blüten mit pinselartig angeordneten Staubgefäßen (Abb. oben). Nach der Befruchtung entwickeln sich blauschwarze, etwa erbsengroße Früchte. Die Rinde ist hellbraun und löst sich in feinen Streifen ab.
Die Myrte ist wegen ihrer Wuchsfreude für den Bonsai-Gestaltungs-Anfänger gut geeignet. Schnell hat sie Schnittfehler durch neues Wachstum wieder ausgeglichen.

Standort: Im Sommer ist ein sonniger bis halbschattiger Standort im Freien zu empfehlen. Sie kann aber auch gut an einem hellen Fenster im Zimmer gepflegt werden. Die Überwinterungstemperaturen sollten zwischen 5 °C und 10 °C liegen. Ein kühler Wintergarten, ein Gewächshaus oder ein ungeheiztes Zimmer ist hier zu empfehlen.
Gießen: Mit kalkarmem Wasser gleichmäßig feucht halten. Weder Staunässe noch Ballentrockenheit werden vertragen.
Düngen: Vom Frühjahr bis zum Herbst alle zwei Wochen mit einem Flüssigdünger. Im Winter darf nicht gedüngt werden.
Umtopfen: Alle zwei bis fünf Jahre im zeitigen Frühjahr in eine Mischung aus Akadama, Rindentorf und Sand 1:1:2 mit einem leichten Wurzelschnitt umtopfen. Wichtig ist, daß die Erde kalkarm ist, da die Myrte einen leicht sauren Boden benötigt.
Schneiden: Vor dem Austrieb im Frühjahr wird die Form überarbeitet. Der Neuaustrieb wird immer wieder auf zwei bis drei Blätter zurückgeschnitten, sobald der Zweig am Ansatz zu verholzen beginnt.
Mit Rücksicht auf die Blüten wird ab Ende April nicht mehr geschnitten. Erst nach der Blüte sollte wieder mit dem Schnitt begonnen werden.
Drahten: Nach der Blüte können verholzte Triebe gedrahtet werden. Bei dickeren Trieben muß man beim Biegen sehr vorsichtig sein, da sie leicht brechen.

Während der Blütezeit leuchten die Blüten der Myrte wie kleine Sterne in dem dunklen Laub.

OLIVE
Olea europaea

Schon sehr lange haben die Olivenbäume im gesamten Mittelmeerraum eine große Bedeutung für die dortige Wirtschaft als Lieferanten von Öl, Früchten und Holz. Die häufigste Art ist der Europäische Olivenbaum. Die mehr als 1500 Jahre alt werdenden kleinen bis mittelgroßen Bäume imponieren durch ihren häufig knorrigen Wuchs.
Die Olive hat gegenständige, silbriggrüne, lanzettliche Blätter (Abb. oben). In den Blattachseln entwickeln sich Rispen oder Büschel aus weißen Blüten. Diese haben vier Blütenblätter und zwei Staubgefäße.
Aus der befruchteten Blüte wächst eine Steinfrucht heran, die bei der Reife dunkelblau bis schwarz ist - die Olive.
Grüne Oliven sind im noch unreifen Zustand geerntete Früchte.

Standort: Ab Mitte Mai sollte der Oliven-Bonsai einen vollsonnigen Standort im Freien erhalten; kann aber auch an einem vollsonnigen Standort im Zimmer stehen. Im Winter müssen die Temperaturen zwischen 5 °C und 10 °C liegen. Bei wärmerer Überwinterung können keine Blütenknospen gebildet werden.
Gießen: Die Erde vor dem kräftigen Gießen immer erst leicht antrocknen lassen. Grundsätzlich sollte der Ballen aber nie ganz trocken werden. Auch Staunässe wird nicht vertragen.
Düngen: Günstig ist die Gabe von organischem Dünger. Alternativ kann auch alle zwei Wochen Flüssigdünger gegeben werden. Im Winter darf nicht gedüngt werden.

Umtopfen: Alle zwei bis drei Jahre im zeitigen Frühjahr mit einem Wurzelschnitt in eine Mischung aus Akadama, Rindentorf und Kies im Verhältnis 2:1:1.
Schneiden: Die Olive verträgt keinen allzu starken Rückschnitt, da sie nur sehr schlecht aus schlafenden Augen austreibt.
Neue Triebe läßt man auf etwa acht Blattpaare heranwachsen und schneidet dann auf ein bis zwei Blattpaare zurück. Da sich Blüten bei kühler Überwinterung an diesjährigen Trieben bilden, sollte man ab Anfang August nicht mehr schneiden.
Drahten: Nur recht dünne, leicht verholzte bis vollständig verholzte Äste lassen sich durch Draht in der Form korrigieren. Solche Triebe zunächst unbeschnitten lassen.

Alte Ölbäume bilden einen aussagekräftigen Stamm aus. Die Blätter haben feine weiße Härchen.

PISTAZIE
Pistacia lentiscus

Aus dem Mittelmeerraum und Südostasien kommen die Pistazien.
Sie sind zweihäusig, das heißt, es gibt männliche und weibliche Pflanzen.
Die männlichen Pflanzen sind für die Bonsai-Gestaltung sicherlich die interessanteren, da die in Trauben erscheinenden männlichen Blüten durch ihre roten Staubbeutel auffallender sind als die weiblichen Blüten. Diese sind unscheinbar braungrün.
Die Blätter der Pistazie sind ledrig, immergrün und paarig gefiedert (Abb. oben). Jedes Blatt besteht hier aus einer geraden Zahl von Teilblättchen.
Aus der *P. lentiscus* wird ein Firnisharz gewonnen. Die eßbaren Pistazien-Nüsse hingegen erntet man von der aus Kleinasien stammenden *P. vera*, die aber erst geröstet werden.

Standort: Im Sommer liebt sie einen Standort im Freien. Ist der Platz vollsonnig, ist die Austriebsfärbung besonders schön. Sie verträgt aber auch einen halbschattigen Standort. Im Winter sollten die Temperaturen unter 10 °C liegen.
Gießen: Die Erde vor dem Gießen immer erst leicht antrocknen lassen. Grundsätzlich sollte der Ballen aber nie ganz trocken werden. Auch Staunässe wird nicht vertragen.
Düngen: Vom Neuaustrieb bis zum Herbst wird alle zwei bis vier Wochen mit einem Flüssigdünger gedüngt. Im Winter darf nicht gedüngt werden.
Umtopfen: Mit einem Wurzelschnitt wird alle zwei bis drei Jahre im Frühjahr in eine Mischung aus Akadama, Rindentorf und Kies im Verhältnis 2:1:1 umgetopft.
Schneiden: Neue Triebe läßt man auf sechs bis acht Blätter heranwachsen und schneidet dann auf zwei bis drei Blätter zurück. Alle quer oder senkrecht wachsenden Zweige werden sofort entfernt.
Drahten: Um das Drahten eines Pistazien-Bonsai kommt man meist nicht umhin, da die Triebe meist sehr gerade wachsen. Will man eine sparrige Form verhindern, werden die leicht verholzten Triebe in eine anmutigere Form gedrahtet. Auch dickere Triebe lassen sich mit entsprechender Vorsicht mit Hilfe von Draht in ihrer Form korrigieren. Der Draht sollte wieder entfernt werden, sobald er in die Rinde einzudrücken beginnt.

Mit der ausgeprägten Krone erlangt die Pistazie in gelehnter Form wieder ihre Balance.

STEINEIBE
Podocarpus macrophyllus

Von den etwa 100 anerkannten Steineiben-Arten kommen die meisten auf der Südhalbkugel vor.
Die bei Bonsai-Freunden beliebte Art *Podocarpus macrophyllus* hingegen hat ihre Heimat in den wärmeren Regionen Japans und Chinas. Dort kann ihr Wachstum sehr unterschiedlich ausfallen. Es kann vom kleinen Strauch bis hin zum mächtigen, 20 Meter hohen Nadelbaum reichen.
Die Nadelblätter sind lanzettförmig bis oval, dicht wachsend, dunkelgrün, nicht stechend und unregelmäßig angeordnet. Entfernt erinnern die Nadeln an die der Eiben. Die männlichen Zapfen erscheinen in Büscheln, die weiblichen Zapfen stehen einzeln. Die blauvioletten Samen sind elliptisch-eiförmig und etwa ein Zentimeter lang (Abb. oben).

Standort: Der Sommerstandort im Freien kann vollsonnig bis halbschattig sein. Sie kann aber auch an einem hellen Fenster gepflegt werden. Im Winter ist ein heller Platz bei Temperaturen zwischen 5 °C und 15 °C zu wählen.
Gießen: Die Wasserverdunstung über die Blätter ist recht mäßig. Die Erde sollte daher mäßig feucht gehalten werden, aber auf keinen Fall austrocknen. Noch geringer ist der Wasserbedarf im Winter.
Düngen: Vom Neuaustrieb bis zum Herbst wird alle zwei bis vier Wochen mit einem Flüssigdünger gedüngt. Bei Wintertemperaturen im oberen Bereich darf alle vier bis sechs Wochen gedüngt werden. Bei kühler Überwinterung nicht düngen!

Umtopfen: Im Frühjahr wird alle zwei bis drei Jahre mit einem Wurzelschnitt in eine Mischung aus Akadama, Rindentorf und Kies im Verhältnis 1:1:1 umgetopft.
Schneiden: Dickere Äste können das ganze Jahr über geschnitten werden. Zum Aufbau der Astpolster läßt man neue Triebe auf sechs bis acht Zentimeter wachsen und schneidet dann auf zwei bis drei Zentimeter zurück. Horizontal gedrahtete Zweige schneidet man kaum zurück. Im Folgejahr werden aus kürzeren Nebentrieben neue Polster aufgebaut.
Drahten: Zum Drahten sollten die neuen Triebe am Ansatz bereits verholzt sein. Beim Drahten darauf achten, daß keine Nadeln mit eingedrahtet werden, da diese sonst absterben.

Durch den Rückschnitt von Nebentrieben lassen sich bei der Steineibe schöne Astetagen formen.

GRANATAPFEL-BAUM
Punica granatum

Dieser kleine, bis fünf Meter hohe Baum kommt vom Balkan bis zum Himalaja vor. Häufig wird im Handel die kompakter wachsende Zwerg-Zuchtform *Punica granatum* 'Nana' angeboten. Die Blätter sind lanzettförmig, dunkelgrün, glänzend und wechselständig angeordnet. Häufig tragen die Triebe Dornen. Die Blüten erscheinen einzeln oder zu dritt am Ende diesjähriger Triebe. Der Blütenkelch ist fleischig und scharlachrot gefärbt. Die fünf bis acht Blütenblätter sehen etwas ungebügelt aus. Es gibt auch Sorten mit gefüllten und solche mit weißen, gelben und gestreiften Blüten.
Die Früchte (Abb. oben) haben eine derbe Rinde und sind angefüllt mit zahllosen Samen, die jeweils von rosafarbigem Fruchtfleisch umgeben sind.

Standort: Den Sommer über im Freien an sonnigem Standort aufstellen. Kann aber auch an einem hellen Fenster stehen, wobei sehr häufig gelüftet werden muß. Sobald das Laub abgefallen ist, an einen kühlen, luftigen Standort bei 2 °C bis 8 °C stellen. Gewährt man dem Granatapfel keine Winterruhe, bildet er kranke, sehr dünne Triebe aus.
Gießen: Im Sommer, vor allem in der Blütezeit ist der Wasserbedarf recht hoch. Im Winter hingegen hält man die Erde nur leicht feucht. Ballentrockenheit und Staunässe vermeiden!
Düngen: Vom Frühjahr bis zum Herbst alle zwei Wochen mit Flüssigdünger. Während der Blüte mit dem Düngen aussetzen. Im Winter darf nicht gedüngt werden.

Umtopfen: Kurz vor dem Neuaustrieb im Frühjahr alle zwei bis drei Jahre in eine Mischung aus Akadama, Rindentorf und Kies im Verhältnis 1:1:1.
Schneiden: Den ersten Neuaustrieb im Frühjahr auf sieben bis acht Blattpaare heranwachsen lassen und dann auf ein bis drei Blattpaare zurückschneiden. Ab Anfang April nicht mehr schneiden, wenn Sie Blüten haben wollen. Nach der Blüte wird der Baum durch Schnitt wieder in Form gebracht. Haben sich Früchte gebildet, nur ein bis zwei reifen lassen, da mehr Früchte die Pflanze schwächen.
Drahten: Mit dem Drahten im zeitigen Frühjahr vor dem Austrieb oder direkt nach der Blüte beginnen. Alle Triebe ab drei Millimeter Dicke können gedrahtet werden.

Aus den roten Blüten des Granatapfelbaumes entwickeln sich apfelartige Früchte mit vielen Samen.

INDISCHE AZALEE
Rhododendron simsii

Es gibt mehr als 1000 Arten der Gattung *Rhododendron*, von denen sich aber nur wenige für die Kalthauskultur eignen. Keine Azalee kann über einen längeren Zeitraum in geheizten Räumen blühen und gesund bleiben. Die Indische Azalee wird in ihrer Heimat Burma - über Südchina bis Taiwan - ein kleiner Strauch bis zu 1,8 Meter Höhe. Sie kann aber bei entsprechender Gestaltung recht gut in eine baumartige Form gebracht werden. Die Blätter sind bis fünf Zentimeter lang, elliptisch, dunkelgrün und tragen auf der Blattoberseite kleine angedrückte Haare. Besonders interessant sind die Blüten (Abb. oben). Jeweils zwei bis sechs Blüten kommen aus einer gemeinsamen Knospe. Die Farben variieren von rosa bis dunkelrot. Es gibt auch zweifarbige Blütenblätter.

Standort: Direkt nach den Eisheiligen die Azalee an einen halbschattigen, mäßig warmen Standort im Freien stellen. Vor den ersten Nachtfrösten kommt sie an einen kühlen, hellen Standort bei 5 °C bis 10 °C. Vor allem während der Blüte nicht zu warm aufstellen, da sonst die Blüten schnell abgeworfen werden.
Gießen: Kalkfreies Wasser verwenden! Im Sommer und vor allem während der Blüte ist der Wasserbedarf hoch. Im Winter weniger gießen, aber niemals den Wurzelballen trocken werden lassen. Staunässe wird ebenfalls nicht vertragen.
Düngen: Ab Ende der Blütezeit wird alle zwei Wochen mit einem Azaleendünger gedüngt. Im Winter wird nicht gedüngt.

Umtopfen: Alle zwei bis drei Jahre wird nach der Blütezeit in eine Mischung aus Akadama, Rindentorf und Kies im Verhältnis 1:4:2 oder in eine Azaleenerde aus Japan umgetopft.
Schneiden: Nach der Blüte werden alle Blütenstände mit den Fingern abgezupft. Alle neuen Triebe, die unterhalb der alten Blütenstände heranwachsen, werden entfernt. Längere Triebe werden bis ins alte Holz zurückgeschnitten. Zur Ausbildung von Laubpolstern werden die Zweige auf der Oberseite der Äste kurz gehalten. Für Blütenbildung, Anfang September mit dem Schneiden aufhören.
Drahten: Mit dem Drahten nach der Blüte beginnen. Sehr vorsichtig biegen, da die Triebe leicht brechen.

Die große Zeit der Azaleen ist die Blütezeit. Überschwenglich viele Blüten erfreuen den Betrachter.

ROSMARIN
Rosmarinus officinalis

Der Rosmarin stammt aus den Mittelmeerländern und findet auch in der Küche als Gewürz Verwendung.
Der dicht verzweigte, immergrüne Strauch erreicht in seiner Heimat eine Höhe von 1,5 Metern. Die ledrigen Blätter (Abb. oben) sind bis zu 35 Millimeter lang und drei Millimeter breit, der Rand ist nach unten geschlagen. Die Oberseite der Blätter ist rauh und dunkelgrün, die Unterseite ist mit weißen Haaren bedeckt. Die weißlich-blauen Lippenblüten mit den zwei fruchtbaren Staubblättern erscheinen während des ganzen Sommers, vor allem aber im Mai und Juni. Die Blüten bilden kleine Büschel an der Spitze diesjähriger Triebe.
Die Rinde hat Braunschattierungen und löst sich faserig in Streifen ab. Es entsteht im Laufe der Jahre eine wulstige Längsbänderung.

Standort: Rosmarin kann nicht im Haus gehalten werden. Nach den letzten Nachtfrösten stellen wir ihn an einen vollsonnigen Standort im Freien. Im Winter ist bei 5 °C bis 8 °C der richtige Standort.
Gießen: Im Sommer wird er mäßig feucht gehalten, wobei man vor einer Wässerung den Boden erst kontrollieren sollte. Ist der Boden noch feucht, wird nicht gegossen. Im Winter eher etwas trockener halten, den Wurzelballen aber nicht austrocknen lassen.
Düngen: Vom Frühjahr bis Anfang September alle drei Wochen Flüssigdünger geben. Im Winter wird nicht gedüngt.
Umtopfen: Alle ein bis zwei Jahre wird im zeitigen Frühjahr in eine Mischung aus Akadama, Rindentorf und Kies im Verhältnis 1:1:2 umgetopft. Der Erde wird etwas Kalk beigemischt.
Schneiden: Den Erstaustrieb nicht beschneiden, da die Blüten an der Spitze der neuen Triebe entstehen. Nach der Blüte wird dann kräftig bis ins alte Holz zurückgeschnitten. Alle folgenden Triebe läßt man auf etwa fünf Zentimeter heranwachsen und schneidet auf einen Zentimeter zurück. Durch regelmäßiges Einkürzen der Nebentriebe lassen sich schöne Astpolster ausformen.
Drahten: Das recht steife Wachstum der Triebe macht ein regelmäßiges Drahten erforderlich. Dabei lassen sich aber nur dünne verholzte Zweige problemlos drahten. Alle dickeren Äste lassen sich wegen des harten Holzes nicht mehr biegen.

Die abgeschnittenen Triebe des Rosmarins können in der Küche als Gewürz verwendet werden.

SAGERETIE
Sageretia thea
früher: *S. theezans*

Aus Südchina kommt die Sageretie. Sie ist dort ein rankender Strauch von bis zu fünf Metern Höhe. Im Winter verliert sie entweder einen Teil oder alle Blätter. Die Blätter sind klein, spitzoval, recht dünn und lebhaft grün gefärbt (Abb. oben). Die Blüten sind kleine Rispen aus weißlichen Blütchen an der Spitze diesjähriger Triebe. Nach der Befruchtung entstehen kleine, zunächst grüne, später schwarzblaue Beeren, die dann abfallen. Blüten und Beeren erscheinen nur, wenn die neuen Triebe zunächst unbeschnitten bleiben. Die Rinde nimmt im Laufe der Jahre eine interessante Scheckung an. Ältere Rindenteile werden in unregelmäßigen Platten, ähnlich wie bei einer Platane, abgeworfen, wodurch hellere Rindenpartien erscheinen.

Standort: Im Sommer kann ein heller und luftiger Fensterplatz oder besser ein vollsonniger Standort im Freien gewählt werden. Im Winter braucht die Pflanze eine Ruhephase bei Temperaturen von 2 °C bis 10 °C. Bei wärmerer Überwinterung beginnt die Sageretie zu kränkeln und wird leicht von Parasiten befallen.
Gießen: Vom Frühjahr bis zum Herbst braucht sie viel Wasser, wobei Staunässe vermieden werden muß. Bei kühler Überwinterung läßt man die Erde leicht antrocknen, bevor gegossen wird. Jetzt Ballentrockenheit vermeiden.
Düngen: Vom Frühjahr bis zum Herbst alle zwei Wochen Flüssigdünger geben. Im Winter wird bei kühler Überwinterung nicht gedüngt.
Umtopfen: Im zeitigen Frühjahr wird alle ein bis zwei Jahre in eine Mischung aus Akadama, Rindentorf und Kies im Verhältnis 2:2:1 mit einem Wurzelschnitt umgetopft.
Schneiden: Im Winter werden alle trockenen und die Form störenden Äste und Zweige entfernt. Überlange Zweige werden eingekürzt. Den Neuaustrieb wachsen lassen, bis die Triebe am Ansatz auszuhärten beginnen, und dann auf zwei bis drei Blätter zurückschneiden. Will man die Blüten haben, erst nach der Blüte beschneiden.
Drahten: Neue Zweige werden erst gedrahtet, wenn sie leicht verholzt sind. Dicke Äste lassen sich wegen der Härte des Holzes nicht mehr biegen, daher möglichst früh mit der Gestaltung beginnen.

Eine sehr alte Sageretie mit kräftigem Wurzelansatz und scheckiger Borke.

BAUM DER TAUSEND STERNE
Serissa foetida

Südchina und die warmen Regionen Japans sind die Heimat der *Serissa*. Hier wächst sie als kleiner Strauch bis zu einem Meter Höhe. Sie hat schmale, elliptische, wechselständige, dunkelgrüne Blätter. Bei der Zuchtform *S. foetida* ' Variegata' sind die Blätter grünweiß gescheckt. Die Größe der Blätter liegt bei zwei bis drei Zentimeter. Die rein weißen oder leicht rosa Röhrenblüten erscheinen das ganze Jahr über in den Achseln der Blätter. Die Hauptblütezeit ist aber im Juni, was ihr auch den Namen „Junischnee" einbrachte (Abb. oben). Die Rinde ist gräulich-weiß und löst sich in dünnen Streifen ab. Der Stamm braucht viele Jahre, bis er einigermaßen dick geworden ist. Als Bonsai ist die *Serissa* zwar sehr beliebt, aber relativ schwer zu pflegen.

Standort: Ab Mai bis Ende September steht sie an einem hellen, vor praller Sonne geschützten Platz im Freien und an einem luftigen Fensterplatz. Im Winter sollte sie bei 2 °C bis 8 °C untergebracht werden.
Gießen: Das ganze Jahr über den Wurzelballen feucht halten, wobei Staunässe vermieden werden muß, da sonst ganze Pflanzenpartien absterben können.
Düngen: Die *Serissa* verträgt am besten organischen Dünger. Kugeldünger wird vom Frühjahr bis zum Herbst gereicht.
Umtopfen: Im März wird alle zwei bis drei Jahre in eine Mischung aus Akadama, Rindentorf und Kies im Verhältnis 1:1:1 mit einem leichten Wurzelschnitt umgetopft.

Neue Triebe an Wurzelansätzen sofort entfernen.

Schneiden: Alle zwei Jahre im zeitigen Frühjahr ins alte Holz zurückschneiden, damit der Baum kompakt bleibt. Neue Triebe bei vier bis acht Blattpaaren auf ein bis zwei Blattpaare zurückschneiden.
Drahten: Nur gut verholzte Triebe werden im Herbst gedrahtet. Ältere Baumteile können immer gedrahtet werden. Der Draht wird nach einem halben Jahr entfernt.

Wegen ihrer vielen weißen Blüten verdient die *Serissa* den Namen „Baum der tausend Sterne".

CHINESISCHE ULME
Ulmus parvifolia

Die Ulmen sind, meist als mächtige Bäume, mit etwa 20 Arten über die gesamte nördliche Halbkugel verbreitet. Die einzige Ulme, die als Kalthauspflanze zu pflegen ist, ist die Chinesische Ulme. Sie hat ihr Verbreitungsgebiet in Südchina, Korea und Japan und wird dort bis zu 20 Meter hoch. Die Krone ist kugelförmig und dicht verzweigt. Je nach Standort wirft sie im Herbst ihr Laub teilweise oder ganz ab. In wärmeren Regionen ist sie hingegen immergrün. Die Blätter sind fünf Zentimeter lang, eiförmig bis elliptisch, und ledrig. Die Oberseite ist glänzend hellgrün, die Unterseite ist leicht behaart. Die Blattränder haben 30 bis 50 Zähnchen.
Die Rinde (Abb. oben) ist entweder glatt, grau und sich kleinschuppig ablösend oder von tiefrissiger Borke.

Standort: Der beste Standort ist vom Frühjahr bis zum Herbst an einem sonnigen Platz im Freien. Sie kann aber auch an einem hellen, luftigen Fenster im Haus stehen. Im Winter ist ein Standort bei 6 °C bis 10 °C anzuraten. Die Ulme verliert dann ihr Laub. Bei wärmerer Überwinterung bleibt das Laub erhalten, die Pflanze wird aber geschwächt und krankheitsanfälliger.
Gießen: Vor dem reichlichen Gießen den Boden leicht antrocknen lassen. Weder Ballentrockenheit noch Staunässe werden vertragen.
Düngen: Auch sollte mit organischem Dünger gearbeitet werden. Kugeldünger wird vom Frühjahr bis zum Herbst gereicht. Bei kühler Überwinterung wird im Winter nicht gedüngt
Umtopfen: Alle zwei bis drei Jahre wird im zeitigen Frühjahr in eine Mischung aus Akadama, Rindentorf und Kies im Verhältnis 2:1:1 mit einem kräftigen Wurzelschnitt umgetopft.
Schneiden: Im Winter wird die Form überarbeitet. Jetzt werden alle falsch stehenden, abgestorbenen und überlangen Triebe entfernt bzw. eingekürzt. Jetzt lassen sich auch gut dickere Äste herausschneiden. Der Neuaustrieb wird bei zehn bis zwölf Blättern auf zwei bis drei Blätter zurückgeschnitten. Mit kürzeren Nebentrieben lassen sich gut Laubpolster aufbauen. Rechtzeitiger Rückschnitt ist erforderlich.
Drahten: Im laublosen Zustand lassen sich die Triebe im zeitigen Frühjahr gut durch Draht formen.

Die kräftigen freigelegten Wurzeln vermitteln den Eindruck die Ulme stände auf Stelzen.

Im Alter bilden Granatapfelbäume einen kräftigen, in sich verdrehten Stamm aus.

Mit Sorgfalt den Bonsai richtig versorgen

Bonsai erreichen ein ähnlich hohes Alter wie ihre großen Brüder in der freien Natur. Für die jahrzehntelange Pflege und Formerhaltung sind einige Kenntnisse und Fertigkeiten zu erlangen. Alles über die richtige Pflege und den sachgerechten Umgang mit dem notwendigen Werkzeug erfahren Sie hier.

DER RICHTIGE STANDORT

Je nach Baumart benötigen Zimmer-Bonsai einen vollsonnigen bis halbschattigen Fensterplatz. Selbst ein halbschattiger Standort darf nicht dunkel sein, sondern sollte lediglich vor direkter Sonneneinstrahlung in der Mittagszeit geschützt sein. Ein Bonsai sollte auf keinen Fall zwischen irgendwelchen Topfpflanzen stehen, nur so kann er als lebendes Kunstwerk voll zur Geltung kommen. Alle Bonsai-Schalen haben Löcher im Schalenboden, damit überschüssiges Gießwasser gut ablaufen kann. Es besteht die Gefahr, daß sich unter den Wasserabzuglöchern Wasserblasen bilden, die dann zu Staunässe führen. Deshalb sollte man etwa eine halbe Stunde nach dem Wässern alles Wasser unterhalb der Schale wegwischen.

Mit den Fingern und einem Holzstab wird die neue Erde zwischen die Wurzeln gearbeitet.

Sommerfrische draußen

Im Sommer sind alle Zimmer-Bonsai dankbar für einen Standort im Freien. Die Zeit auf dem Balkon oder der Terrasse ist ein wahrer Jungbrunnen für die Bäume. Selbst Pflanzen, die im Zimmer ein wenig gekümmert haben, werden sich an der frischen Luft wieder gut erholen.

BONSAI RICHTIG ERNÄHREN

Immer wieder wird die Frage gestellt: „Wie oft muß ich meinen Bonsai gießen und düngen?“ Hier gibt es nur eine richtige Antwort: Das hängt ab von der Baumart, der Temperatur, der Jahreszeit, dem Standort und nicht zuletzt von der Größe des Bonsai.
Dies kann im Extremfall bedeuten, daß dieser Bonsai mehrmals täglich und jener Bonsai nur einmal in der Woche gewässert werden muß. In den seltensten Fällen werden Pflanzen vertrocknen, die meisten Pflanzen werden überwässert.

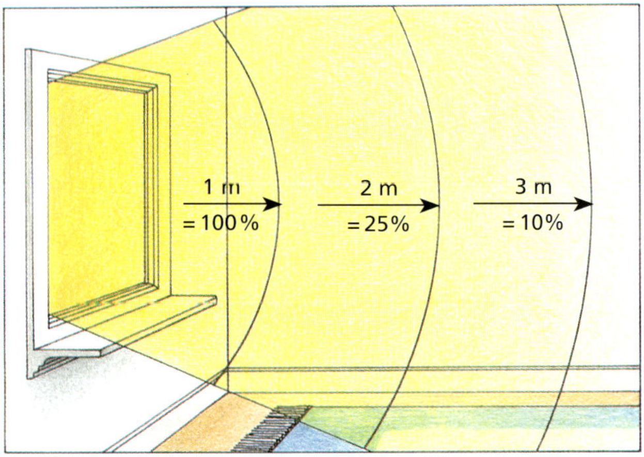

Die Lichtmenge nimmt mit der Entfernung im Quadrat ab, so daß bereits in zwei Meter Entfernung vom Fenster nur noch ein Viertel des Lichts ankommt. Hier ist es für die meisten Pflanzen bereits zu dunkel, weshalb zusätzlich für Beleuchtung mit Hilfe einer Pflanzenlampe gesorgt werden muß.

Verschiedene Dünger für Bonsai werden im Fachhandel angeboten.

Wasser optimal dosieren

Bei den im Pflanzenteil angegebenen Erdmischungen ist immer ein Anteil Akadama-Erde mit angegeben. Diese Akadama-Erde hat den Vorteil, daß sie im feuchten Zustand deutlich dunkler ist als im trockenen Zustand. Spätestens wenn die Erde hell wird, sollte ausgiebig gewässert werden. Zum Wässern verwendet man möglichst weiches und zimmerwarmes Wasser. Härteres Wasser ab Härtegrad Zwei führt mit der Zeit nicht nur zu unschönen Kalkausblühungen am Schalenrand und auf der Erdoberfläche, sondern verändert auch den pH-Wert des Bodens. Zu kaltes Wasser kann bei vielen tropischen und subtropischen Bäumen zu einem Kälteschock an den Wurzeln führen und diese schädigen.
Die beste Methode, die Erde wirklich durchdringend mit Wasser zu versorgen, ist die **Tauchmethode.** Hierbei bereitet man eine Plastikwanne mit zimmerwarmem Wasser vor. In diese Wanne stellt man die Schalen mit den Bonsai, wobei das Wasser in der Wanne bis knapp unterhalb des Schalenrandes reichen sollte. Durch die Wasserabzuglöcher an der

Unterseite der Schale wird das Wasser durch die Adhäsionskräfte der Bodenteilchen eingesogen. Sobald die Erdoberfläche wieder dunkel gefärbt ist, kann die Bonsai-Schale herausgehoben und so aufgestellt werden, daß überschüssiges Wasser gut ablaufen kann. Dabei leistet der schräge Ablauf an der Spüle gute Dienste.
Natürlich können Sie Ihre Bonsai auch ganz normal gießen. Da hier so lange gegossen werden muß, bis Wasser aus den Wasserabzuglöchern auszufließen beginnt, sollte man die Bonsai hierfür vielleicht in die Badewanne oder die Duschwanne stellen.
Erst wenn kein Wasser mehr aus den Wasserabzuglöchern ausfließt, wird der Bonsai an seinen gewohnten Standort zurückgestellt.

Dünger für die Gesundheit

Halten Sie bitte die Düngeempfehlungen aus dem Pflanzenporträtteil (Seite 14 ff.) möglichst genau ein. Das gilt vor allem für die Bonsai, die im Winter nicht gedüngt werden dürfen.

TIP: Düngen Sie niemals auf trockenen Boden, weil sonst die Wurzeln geschädigt werden. Sollte die Erde trocken sein, wässern Sie zunächst ausgiebig und geben einige Stunden später den Dünger.

Pflanzen können Dünger nur in Form von Nährsalzen aufnehmen. Entsprechend wird anorganischer Flüssigdünger unmittelbar von der Pflanze aufgenommen, während organischer Dünger, z. B. japanische Düngekugeln, erst durch die Bodenorganismen aufgeschlossen werden muß. Organischer Dünger wirkt entsprechend mit deutlicher zeitlicher Verzögerung auf die Pflanzen.
Verwenden Sie den Dünger immer in der auf der Verpackung angegebenen Konzentration. Achten Sie darauf, daß Sie den Dünger nicht überdosieren. Bei Überdosierung können die Wurzeln ebenfalls verbrannt werden. Manchmal kann man überschüssigen Dünger durch ausgiebiges Wässern ausspülen.

Eine große Unterschale, mit Tongranulat gefüllt, erhöht die Luftfeuchtigkeit für die Bonsai.

Mit der schlanken Bonsai-Schere werden feine Triebe beschnitten.

Der vorherige Nebentrieb wird jetzt zum Leittrieb des Astes.

Mit der Konkavzange werden stärkere Äste nahe am Stamm entfernt.

DAS RICHTIGE WERKZEUG

Wie für jedes Hobby braucht man auch bei Bonsai einige Werkzeuge, die die richtige Pflege erleichtern. Natürlich werden Sie zu Beginn nicht alle Werkzeuge benötigen, die für die Bonsai-Gestaltung angeboten werden.

Bonsai-Scheren für den Schnitt

Zur Grundausstattung gehören eine oder mehrere Bonsai-Scheren für feinere und gröbere Schnittmaßnahmen. Die Bonsai-Scheren sind so konstruiert, daß mit ihnen eine saubere Schnittführung möglich ist. Ein Bonsai will immer wieder in Form gebracht werden; seine Gestalt wird dabei nach und nach verbessert.
Mit der **normalen Bonsai-Schere** schneiden wir mittelstarke Triebe, während wir mit der **schlanken Bonsai-Schere** feinere Triebe, vor allem im Kroneninnern, einkürzen können.
Mit der richtigen Schnittführung leiten wir die nachfolgenden Triebe in die beabsichtigte Richtung. Je nachdem, vor welchem Blatt wir den Zweig einkürzen, geben wir vor, wohin der nächste Trieb wachsen wird. In jeder Blattachsel entwickelt sich eine Knospe, die bereits in die Richtung weist, in die der Trieb, der aus ihr treiben wird, wachsen wird. Immer wird die Knospe bevorzugt mit Wachstumshormonen versorgt, die an der Spitze des Triebes steht. Für die Verlängerung des Zweiges wählen wir bevorzugt Knospen aus, die auf der Unterseite des Zweiges stehen. Diese Triebe wachsen nicht so schnell senkrecht nach oben, was ein unschönes Bild ergeben würde.
Um eine stärkere Verzweigung zu erzielen, wählen wir Knospen aus, die seitwärts gerichtet sind.
Wollen wir gleichzeitig mehrere Knospen entlang eines Zweiges zum Austrieb anregen, können wir das durch eine Verringerung der Blattflächen induzieren. Normalerweise werden die Blätter vom Ansatz zur Spitze eines Zweiges immer etwas größer. Wir können nun durch Beschneiden der Blattflächen die Blätter verkleinern. Wir arbeiten so, daß das Spitzenblatt die kleinste verbleibende Blattfläche hat, und die Blattflächen zum Triebansatz hin immer größer werden. Nun werden viel mehr Knospen in der Folgezeit austreiben als vorher.

Dickere Äste mit der Konkavzange entfernen

Beim Entfernen dickerer Äste ist es wichtig, daß die anschließende Wundverhei-

lung nicht nur zügig abläuft, sondern daß sich das Wundgewebe später gut in das Stammbild integriert. Hierzu dienen die verschiedenen Konkavzangen.
Wie der Name schon sagt, greifen die Kneifbacken so aufeinander, daß der Schnitt nicht geradflächig, sondern leicht nach innen gewölbt geführt wird. Der Schnitt greift also etwas stärker in das Holz des Stammes hinein.
Für die richtige Schnittführung setzen wir die Konkavzange so an den Ast an, daß die Spitzen der Kneifbacken senkrecht nach oben weisen. Nah am Stamm wird nun der Schnitt durchgeführt.
Das Kambium ist der einzige lebenslang lebende und teilungsfähige Teil eines Baumes und liegt zwischen Rinde und Holz. Alle anderen Zellen sterben mehr oder weniger früh ab.
An den Wundrändern beginnt nun das Kambium mit vermehrten Teilungsaktivitäten. Es entsteht zunächst ein Wundwulst, der sich nach und nach von außen nach innen über den verletzten Holzteil legt. Nach mehr oder weniger langer Zeit stoßen die Wundgewebezonen in der Mitte zusammen und verschmelzen miteinander, die Wunde ist nun verschlossen. Da das Wundgewebe etwas dicker als normales Rindengewebe ist, ist durch den konkaven Schnitt gewährleistet, daß das Wundgewebe nicht hervorragt. Lediglich bei Azaleen ist das Wundgewebe flach.

Wundverschlußmittel anwenden

Nach einem Schnitt ist der Holzkörper, der aus toten Zellen besteht, äußeren Einflüssen schutzlos ausgeliefert. Es können Teile des Wundrandes eintrocknen oder holzzerstörende Krankheitserreger eindringen.
Um das zu verhindern, ist es sinnvoll, alle Schnittstellen, die über Bleistiftdicke hinausgehen, mit einem Wundverschlußmittel abzudekken.
Das beste Wundverschlußmittel für Bonsai ist eine spezielle Knetmasse aus Japan. Mit angefeuchteten Fingern formt man zunächst eine kleine Kugel, die man dann auf die Wunde drückt. Mit den Fingern drückt man die Masse so weit auseinander, bis sie leicht über den Wundrand hinausreicht. Nun kann der Baum ungestört die Wunde unter dem „Pflaster“ verschließen. Ist die Wunde schließlich verschlossen, ist auch die Knetmasse eingetrocknet und fällt rückstandsfrei ab oder läßt sich vorsichtig abnehmen.

Zum Abdecken größerer Wunden wird eine japanische Knetmasse verwendet.

Die Kugel wird mit feuchten Fingerspitzen bis über die Wundränder flachgedrückt.

Mit der Drahtzange werden beim Entdrahten die Windungen durchgekniffen.

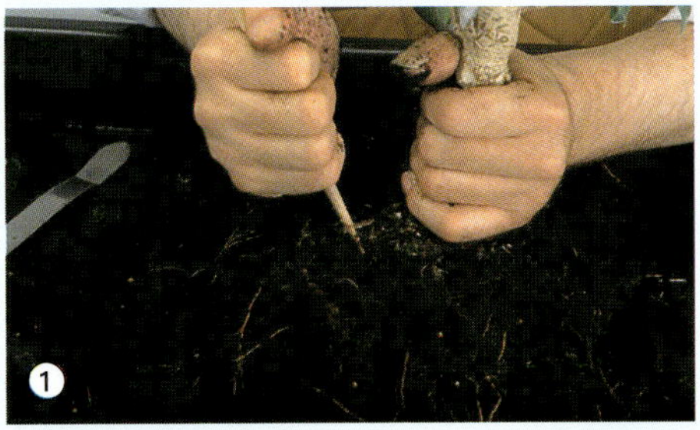

HERAUSARBEITEN DES WURZELANSATZES

Häufig verbirgt sich in der Erde ein schöner Wurzelansatz. Dazu wird mit einem Holzstäbchen vorsichtig der Wurzelballen gelockert (Bild 1). Schon erkennt man wenige dickere Wurzeln verhältnismäßig hoch ansetzend (Bild 2). Näher betrachtet, sieht man etwas weiter unten viel mehr dikkere Wurzeln, die in einer Höhe ansetzen und sternförmig vom Stamm wegstreben (Bild 3). Die oberen Wurzeln werden mit der Konkavzange entfernt (Bild 4). Der Rest des Wurzelballens wird um etwa ein Drittel bis um die Hälfte reduziert (Bild 5). Wir sehen nun einen Wurzelansatz, der dem Bonsai das natürliche Bild eines alten Baumes verleiht (Bild 6). Beim Eintopfen wird die Erde dann so angefüllt und zwischen die Wurzeln gearbeitet, daß die Wurzelansätze sichtbar bleiben.

UMTOPFEN EINES BONSAI

In dem vollständig verfilzten Wurzelballen können keine neuen Wurzeln mehr wachsen (Bild 1). Mit einer Wurzelkralle werden die Wurzeln vorsichtig gelockert (Bild 2). Die langen Wurzelbärte müssen mit einer scharfen Schere auf etwa die Hälfte zurückgeschnitten werden. Über die Wasserabzuglöcher der Schale werden Kunststoffnetze gelegt und mit Draht fixiert (Bild 3), so daß die Erde nicht herausrieseln kann. In die Schale wird ein Hügel aus grober Pflanzerde gebracht, auf die der Baum vorsichtig gedrückt wird (Bild 4). Mit einem Holzstäbchen arbeitet man die trockene Pflanzerde zwischen die Wurzeln (Bild 5). Zum Schluß wird feine Pflanzerde aufgestreut, dünne Moospolster aufgelegt, mit dem Bonsai-Besen die Erde gefegt und ausgiebig gewässert (Bild 6).

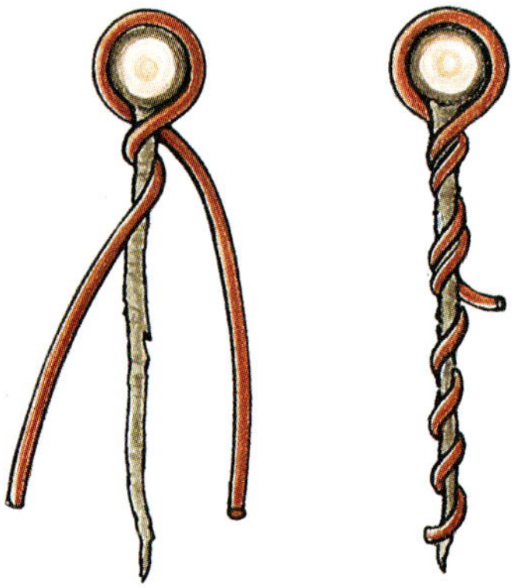

Fehlt ein Gegenast, führt man den Draht um den Stamm und dann beide parallel um den Ast.

DER DRAHT LEITET DIE TRIEBE

Für die Gestaltung zum Bonsai werden häufig recht junge Bäume verwendet. Bei jungen Bäumen streben die meisten Äste und Zweige mehr oder weniger senkrecht nach oben. Bei einem alten Baum, den wir mit einem Bonsai darstellen wollen, sind die Äste durch ihr Gewicht seitwärts oder leicht abwärts gebogen. Bei jungen Bäumen muß also die Wuchsform mit Hilfe von Draht korrigiert werden.

Das Eindrahten

Wir benötigen für das richtige Eindrahten Bonsai-Draht in unterschiedlichen Stärken. Als Faustregel gilt hier: Der Draht sollte etwa ein Drittel der Stärke des einzudrahtenden Baumteils haben und damit weniger elastisch sein.
Einerseits zum Zurechtschneiden des Drahtes und andererseits zum späteren Entfernen des Drahtes brauchen wir eine Drahtzange. Bei diesem Werkzeug greifen die Schneidbacken nach vorn gerichtet aufeinander zu. Durch die langen Griffe gibt die Hebelwirkung genügend Kraft für das Durchkneifen selbst dicker Drähte. Beim vollständigen Eindrahten eines Baumes arbeitet man von unten nach oben und von innen nach außen. Es werden zunächst der Stamm, anschließend die Äste und schließlich die Zweige mit Draht geformt. Grundsätzlich werden natürlich nur die Baumteile eingedrahtet, die einer Formkorrektur bedürfen.

Wichtige Eindraht-Regeln

▶ Für den Stamm wird der Draht in einem Winkel von 45° auf der Rückseite des Stammes ein Stück in die Erde gesteckt.

Zwei Äste verschiedener Astetagen werden mit einem gemeinsamen Draht geformt. Der Draht wird zur Stabilisierung einige Male um den Stamm gewunden. Unten links ist die richtige Drahtung zu sehen.

Bei der Drahtung der gesamten Verzweigung eines Astes werden immer zwei gleichstarke Äste mit einem Draht in der Form korrigiert (verschiedene Farben verdeutlichen unterschiedliche Drahtstärken).

▶ Während man mit der einen Hand den Draht fixiert, wird er mit der anderen Hand im 45°-Winkel um den Stamm gewunden.

▶ Der Draht sollte zwar eng anliegen, darf aber nicht in die Rinde einschneiden.

▶ Drahtet man Äste und Zweige ein, werden nach Möglichkeit zwei gleich starke mit einem gemeinsamen Draht umwickelt. Beim Übergang zwischen den beiden Ästen oder Zweigen sollte mindestens eine Drahtwindung um den Stamm oder Ast geführt werden.

▶ Umwinden mehrere Drähte einen Baumteil, dürfen sich die Drähte nicht überkreuzen, sondern müssen parallel zueinander, enganliegend, geführt werden.

▶ Damit der Draht beim Biegen seine ganze Kraft entwickeln kann, muß er auf der Außenseite der beabsichtigten Biegung liegen.

▶ Zum Biegen des Baumteiles liegt mindestens der Daumen der einen Hand auf der Innenseite der Biegung, während die andere Hand die Biegung ausführt. Einerseits kann man so mit dem Daumen durch entsprechenden Gegendruck den Biegevorgang leiten. Andererseits spürt man, ob der Baumteil im Begriff ist zu brechen. Kurz vor dem eigentlichen Bruch verspürt man ein leichtes Ruckeln.

▶ Danach verbleibt der Draht einige Zeit an dem Baum, während sich die Baumteile durch neues Holzwachstum in der Form stabilisieren, darf aber nicht einwachsen.

▶ Spätestens wenn der Draht in die Rinde einzudrücken beginnt, muß er wieder entfernt werden. Sollte der Baumteil wieder in seine vorherige Form zurückkehren, muß neu gedrahtet werden.

Das Entfernen des Drahtes

Dabei geht man in umgekehrter Reihenfolge wie beim Eindrahten vor.

▶ Wir arbeiten von oben nach unten und von außen nach innen.

▶ Mit der Drahtzange werden die Drähte vorsichtig Windung für Windung durchgekniffen, die dann herunterfallen.

▶ Auf keinen Fall versuchen, den Draht abzuwickeln.

Von links: große Bonsai-Schere, Konkavzange, schlanke Bonsai-Schere, Bonsaidraht

Zimmer-Bonsai selbst gestalten

Eigene Baumkunstwerke schaffen

Die ersten eigenen Bonsai werden meist gekauft, oder man bekommt einen geschenkt. Die häufig noch sehr einfach gestalteten Bäumchen tragen nicht selten das Potential in sich, ein guter Bonsai zu werden. Wir sagen Ihnen, wie Sie die Verbesserung steuern können.

Ein geheimnisvoll wirkender Wald aus Chinesischen Ulmen (*Ulmus parvifolia*)

DER RICHTIGE BONSAI-KANDIDAT

Die Pflanzen, die Sie sich aussuchen, sollten folgende wichtige Voraussetzungen mitbringen:

- Der Stamm sollte mehr als Bleistiftstärke haben, wenn man einen Einzel-Bonsai gestalten will.
- Der Baum sollte reich verzweigt sein, damit die Möglichkeiten der Gestaltung nicht eingeschränkt werden.
- In etwa ein Drittel der Baumhöhe sollte die Verzweigung mit möglichst dicken Ästen beginnen. Hier liegt der erste Hauptast.
- Der Wurzelballen sollte kompakt und reich verzweigt sein. Nur so verkraftet der Baum die deutlichen Eingriffe in seine Form.
- Wichtig ist ein guter Wurzelansatz mit vielen sternförmig vom Stamm wegstrebenden dickeren Wurzeln. Häufig findet man solche Wurzeln etwas tiefer in der Erde. Beim Einsetzen in die Bonsai-Schale muß dieser Wurzelansatz sichtbar sein.

Die Blüte des Granatapfelbaumes (*Punica granatum*) in leuchtendem Rot.

① In dem großen Anzuchtgefäß hat der *Ficus retusa* viele lange Triebe ausgebildet. Ähnliche Pflanzen findet man in Gartencentern.

② Die rechte Baumseite ist schon in Form geschnitten. Gut kann man das Maß des Rückschnitts erkennen.

DIE ENTWICKLUNG STEUERN

Durch geeignete Schnittmaßnahmen kann man die Entwicklung eines Bonsai nachhaltig steuern.

Wachsen-lassen-und-Schneiden-Methode

Astdicken und Stamm sollten in den richtigen Proportionen zueinander stehen. Manchmal ist dieses Verhältnis nicht gerade ideal, da die Äste zu dünn sind.

Zur Verdickung der Äste läßt man die Triebe des *Ficus retusa* lang auswachsen.

In solch einem Fall läßt man die neuen Triebe lang auswachsen. Je höher die Blattmasse an einem Zweig ist, um so größer ist die Menge der bei der Photosynthese anfallenden Baustoffe. Ist ein gewisses Maß an Dickenwachstum erfolgt, werden die langen Triebe sehr stark zurückgeschnitten. Ist der Dickenzuwachs noch nicht ausreichend, läßt man die nachfolgenden Triebe wieder lang auswachsen und schneidet wieder stark zurück. Das kann man mehrere Male hintereinander machen, bis die gewünschte Dicke erreicht ist. Nun ist das Ziel, wieder eine feine Verzweigung aufzubauen. Dabei kann ein vollständiger Blattschnitt hilfreich sein. Dabei schneidet man alle Blattflächen ab und läßt nur die Blattstiele

③ **Nun ist die Krone vollständig in Form gebracht. Aus den neuen Trieben wird die feine Verzweigung aufgebaut.**

④ **Nach einem Wurzelschnitt wird der neue Bonsai in die für ihn geeignetste Bonsai-Schale gepflanzt.**

stehen. Nachdem die Blattstiele abgetrocknet sind, treibt die Pflanze aus den meisten Achselknospen neu aus, und wir können die feine Verzweigung entwickeln.

Erarbeiten der Form durch Rückschnitt

Im Bonsai-Fachhandel findet man geeignete Rohpflanzen. Will man beispielsweise eine Besenform gestalten, muß sich der Stamm in einer bestimmten Stammhöhe in viele etwa gleich starke Äste aufteilen. Nun braucht man eigentlich nur noch die Äste so zurückzuschneiden, daß eine schirmförmige Krone entsteht. Auch hier wird anschließend die feine Verzweigung aufgebaut. Entsprechend wird die Krone zunächst stärker zurückgenommen als die, die der spätere Bonsai haben soll.

Zur Beschleunigung der Entwicklung muß die Pflanze bis zum beabsichtigten Gestaltungsziel in einer größeren Anzuchtschale verbleiben. Solange die Wurzeln Raum für Wachstum haben, breiten sich die Wurzeln aus. Im gleichen Verhältnis folgen die oberirdischen Triebe und wachsen recht stark. Ist der Wurzelraum ausgefüllt, verringert sich das Wachstum der oberirdischen Pflanzenteile und kommt schließlich ganz zum Erliegen.
Nun muß durch Umtopfen für neuen Wurzelraum gesorgt werden. Spätestens jetzt wird die Pflanze zur endgültigen Verfeinerung in die Bonsai-Schale gepflanzt. Dazu führt man einen Wurzelschnitt durch und verringert die oberirdische Pflanzenmasse in gleichem Maß.
Bereits das Umsetzen in die Bonsai-Schale reduziert die Wuchsfreudigkeit deutlich. Der Zuwachs erfolgt von nun an deutlich verlangsamt.

Der gleiche *Ficus retusa* nach dem Rückschnitt und Blattschnitt.

Ein Wald aus *Ficus benjamina* 'Natascha' kurz nach seiner Gestaltung

EINEN WALD SELBST GESTALTEN

Gerade der Bonsai-Neuling findet in der Gestaltung eines mehr oder weniger großen Wäldchens schnellen Erfolg. Hierfür müssen die Kenntnisse bezüglich der Gestaltungstechniken noch nicht ganz so groß sein. In einem Bonsai-Fachgeschäft findet man schnell die notwendigen Rohpflanzen.

▶ Man sucht nach Bäumchen unterschiedlicher Stammstärke und Wuchshöhe.

▶ Man braucht mindestens einen recht dicken Baum, der auch der höchste Baum sein sollte. Dieser Baum hat in der Gestaltung die Aufgabe, Hauptbaum zu sein. Entsprechend wählen wir den Baum sehr sorgfältig aus.

▶ Die nachfolgenden Bäume müssen in Abstufungen dünner und niedriger sein. Hier können auch Bäume verwendet werden, die als Einzel-Bonsai nicht geeignet wären. Selbst einseitig gewachsene Bäume finden hier gute Verwendung.

▶ Für die Gestaltung des Waldes brauchen wir eine ungerade Anzahl von Bäumen. Um bei der Zusammenstellung zu Hause eine Auswahl zu haben, nehmen wir einige Bäumchen mehr mit, als für die eigentliche Gestaltung benötigt werden. Die nicht verwendeten Bäume können wir für spätere Gestaltungen weiterziehen.

① Provisorisch werden die Bäume zusammengestellt.

② Der Hauptbaum wird deutlich zurückgeschnitten.

③ Der überlange Rückseitentrieb ist entfernt.

④ **Alle Bäume des Waldes sind in Form gebracht.**

⑤ **Die Bäume sind in der Schale plaziert.**

⑥ **Mit einem Holzstab wird Erde zwischen die Wurzeln gearbeitet.**

⑦ **Mit dem Bonsai-Besen wurde die Erde glattgefegt.**

Nach drei Monaten hat sich der Bonsai-Wald gut entwickelt.

BÜCHERTIPS

Bonsai. Die hohe Kunst.
Von Professor Amy Liang

In China nahm die weltweite Bonsai-Verbreitung ihren Anfang. Schon vor mehr als 2000 Jahren wurden hier kleine Landschaften und Bäume in Schalen gesetzt.
Frau Prof. Amy Liang hat ihr Leben der Verbreitung von Bonsai verschrieben. Mit „Bonsai. Die hohe Kunst" hat sie ein Werk geschaffen, das diesem Anliegen in besonders eindrucksvoller Weise dient. Hervorragende Bilder eindrucksvoller Bonsai illustrieren den von großer Sachkenntnis getragenen Text. Alle wichtigen Techniken der Bonsai-Gestaltung, die Gestaltung von Felslandschaften, das Erkennen und Beseitigen von Schädlingen, aber auch die lange Geschichte werden detailliert beschrieben und machen diesen wunderschönen Bildband damit zu einem für jeden Bonsai-Freund wichtigen Arbeitsbuch.

Chan, P.: Bonsai masterclass. Anzucht, Pflege, Gestaltung. Kosmos Verlag, Stuttgart 1989.
Fortmann, M.: Gesunde Zimmerpflanzen. Kosmos Verlag, Stuttgart 1995.
Liang, A.: Bonsai. Die hohe Kunst. Kosmos Verlag, Stuttgart 1998.
Stahl, H.: Grundkurs Bonsai. Kosmos Verlag, Stuttgart 1992.
Stahl, H.: Bonsai. Der Weg zum Meister. Kosmos Verlag, Stuttgart 1994.
Stahl, H. u. Rüger, H.: Bonsai leichtgemacht. Kosmos Verlag, Stuttgart 1996.
Tomlinson, H.: Bonsai. Das Handbuch für Praktiker. Kosmos Verlag, Stuttgart 1991.
Wolff, J. (Hrsg.): Kursbuch Zimmerpflanzen. Kosmos Verlag, Stuttgart 1996.

ADRESSEN

Bonsai-Club Deutschland e.V.
- Geschäftsstelle -
Dieter Paul
Dannhalmsweg 35
26441 Jever

REGISTER

Halbfett gedruckte Seitenzahlen weisen auf Abbildungen hin.

BILDNACHWEIS

Mit 112 **Farbfotos** von:
Helmut Rüger, Schöneck.

Mit 11 **Farbillustrationen** von:
Ruth Fritzsche, Grethen (S. 13 beide, 46); Miloš Váňa, Prag, koloriert von Marianne Golte-Bechtle, Stuttgart (53); Miloš Váňa, koloriert von Ruth Fritzsche, Grethen (S. 10 beide, 11 beide, 12, 52 beide).

IMPRESSUM

Umschlaggestaltung von Atelier Reichert, Stuttgart.
Umschlagvorderseite: Foto von Helmut Rüger; Zeichnung von Miloš Váňa koloriert von Atelier Reichert.
Umschlagrückseite: Beide Fotos von Helmut Rüger.
Klappe außen: Foto von Helmut Rüger.
Klappe innen: Alle vier Fotos von Helmut Rüger.

Mit 120 Farbfotos und 12 Farbillustrationen.

Die Deutsche Bibliothek – CIP-Einheitsaufnahme

Zimmer-Bonsai für die Fensterbank / Horst Stahl. Mit Gestaltungsfotos von Helmut Rüger. – Stuttgart : Kosmos, 1998
(Dem Kosmos-Rat vertrauen)
ISBN 3-440-07552-4

ISBN 3-440-07552-4
Lektorat: Christiane Theis
Grundlayout: Atelier Reichert, Stuttgart
Gestaltung: Gisela Dürr, München
Satz: Punkt Komma Strich, Deizisau
Printed in Germany/Imprimé en Allemagne
Druck und Buchbinder: Westermann Druck Zwickau GmbH, Zwickau

Alle Angaben in diesem Buch sind sorgfältig geprüft und geben den neuesten Wissensstand bei der Veröffentlichung wieder. Da sich das Wissen aber laufend in rascher Folge weiterentwickelt und vergrößert, muß jeder Anwender prüfen, ob die Angaben nicht durch neuere Erkenntnisse überholt sind. Dazu muß er zum Beispiel Beipackzettel lesen und genau befolgen sowie Gebrauchsanweisungen und Gesetze des jeweiligen Landes beachten.

Extra

JAPANISCHE FACHAUSDRÜCKE

Grundstilarten
streng aufrechte Form: Chokkan
frei aufrechte Form: Moyohgi
Besenform: Hokidachi
Kaskade: Kengai
gelehnte Form: Shakan
Halbkaskade: Han-Kengai
windgepeitschte Form: Fuki-nagashi
Literatenform: Bunjingi
Wurzelstamm: Neagari
Felspflanzung: Seki-Joju
Doppelstamm: Sokan
Waldform: Yose-Ue
Mehrfachstamm: Kabudachi
Schildkrötenpanzer: Korabuki
Floßform: Ikadabuki
kriechende Form: Netsuranari

Bonsai-Größen (gemessen Wurzelhals bis Baumspitze)
Fingerspitzen-Bonsai: Keshitsubu-Bonsai, bis 7,5 cm hoch.
Miniatur-Bonsai: Mame-Bonsai, 7,5 bis 15 cm hoch.
Klein-Bonsai: Ko-mono-Bonsai, 15 bis 30 cm hoch.
Mittel-Bonsai: Chu-mono-Bonsai, 30 bis 60 cm hoch.
Groß-Bonsai: Dai-mono-Bonsai sind 60 bis 120 cm hoch.

Baumteile
Wurzelhals: Nebari
Stamm: Miki
Baumspitze: Shin
erster Hauptast: Ichi-no-Eda
Rückseitenast: Ushiro-Eda
Vorderseitenast: Mae-no-Eda

PFLEGEKALENDER FÜR ZIMMER-BONSAI

Januar: Allgemein: Alle Warmhauspflanzen erhalten in verlängerten Zeitabständen Düngergaben. Vor allem, wenn die Bonsai über einer Heizung stehen, muß regelmäßig die Bodenfeuchtigkeit überprüft werden. Wegen der reduzierten Lichtverhältnisse muß eventuell mit einer Pflanzenlampe zusätzliche Beleuchtung geschaffen werden.
Alle Kalthauspflanzen sind in der kühlen Winterruhe. Sie sollten jetzt nicht in einem warmen Raum stehen. Der Wasserbedarf ist gering, es darf aber keine Ballentrockenheit entstehen.

Februar: Allgemein: Die Pflege der Warmhauspflanzen erfolgt wie im Januar.
Umtopfen: Bei vielen Kalthauspflanzen kann bereits jetzt mit dem Umtopfen begonnen werden.
Schneiden: Die Form, vor allem die der Kalthauspflanzen, wird nun überarbeitet. Tote Triebe oder dicke Äste können entfernt werden.
Drahten: Falls nötig, kann bei Kalthauspflanzen die Form durch Drahten korrigiert werden.

März: Umtopfen: Bis auf die Zimmer-Bonsai, die erst nach der Blüte umgetopft werden, können nun alle umgetopft werden.
Gießen: Langsam erwachen die Kalthauspflanzen aus ihrer Winterruhe, wodurch auch der Wasserbedarf steigt. Vor allem jetzt Ballentrockenheit vermeiden.
Schneiden: Bei allen Zimmer-Bonsai wird jetzt die Form überarbeitet. Eventuell im Winter gewachsene schwache Triebe werden entfernt. Manchmal muß bis ins alte Holz zurückgeschnitten werden.
Drahten: Alle Drahtungsarbeiten können durchgeführt werden.
Schädlinge: Auf Schädlingsbefall kontrollieren und bei Bedarf einen Fachmann aufsuchen.

April: Standort: In Regionen mit mildem Klima können Kalthauspflanzen bei schönem Wetter ins Freie gestellt werden. Bei Nachtfrostgefahr wieder ins Haus holen!
Gießen: Langsam werden die Wassergaben erhöht.
Schneiden: Bei manchen Arten muß jetzt schon der erste Neuaustrieb beschnitten werden.
Drahten: Warmhauspflanzen werden mit Draht in Form gebracht.
Schädlinge: Schon jetzt können einzelne Blattläuse und andere Sauginsekten im Freien auftreten. Bei Befall den Fachmann aufsuchen.

Extra

Mai: Standort: Bei Temperaturen über 15 °C können alle Zimmer-Bonsai ins Freie. Es können aber immer noch kühle Nächte kommen. Am Abend besser ins Haus zurückholen. Auch Bäume, die die pralle Sonne vertragen können, zunächst halbschattig aufstellen und langsam an die Sonne gewöhnen. Ansonsten können einige Blätter verbrannt werden.
Gießen: Der Wasserbedarf ist jetzt durch den Austrieb deutlich erhöht.
Düngen: Mit dem Düngen kann auf den Sommerrhythmus umgestellt werden, sobald der Austrieb deutlich begonnen hat. Lediglich frisch umgetopfte Bonsai erhalten noch keinen Dünger.

Juni: Standort: Alle Zimmer-Bonsai stehen von nun an im Freien.
Gießen: Meist muß jetzt täglich gegossen werden. Bei manchen Bonsai eventuell mehrmals täglich gießen.
Düngen: Ist jetzt besonders wichtig.
Schneiden: Bei allen Bonsai ist der erste Rückschnitt durchzuführen.
Drahten: Verholzte, neue Triebe können gedrahtet werden.

Juli: Gießen: Bei warmem Wetter ist der Wasserbedarf erhöht. Eventuell muß mehrmals täglich gegossen werden. Beim Gießen in der prallen Sonne dürfen keine Wassertropfen auf die Blätter kommen. Jeder Tropfen wirkt wie ein Brennglas und führt zu Verbrennungen.
Schneiden: Schnittwunden heilen besonders schnell ab. Stark wachsende Bonsai werden wieder zurückgeschnitten.
Drahten: Manche Bonsai müssen schon jetzt wieder entdrahtet werden, da bei schnell wachsenden Arten der Draht schon einschneiden könnte.

August: Gießen: Immer noch ist der Wasserbedarf hoch, und es muß mehrmals täglich gegossen werden.
Düngen: Bei den meisten Kalthauspflanzen hören wir Ende August mit dem Düngen auf. Bei blühenden und fruchtenden Arten kann jetzt eine Phosphor-Kali-Düngung für bessere Blütenbildung durchgeführt werden.
Schneiden: Vor allem bei den Kalthauspflanzen werden jetzt keine größeren Schnittmaßnahmen mehr durchgeführt. Die Bäume müssen für den Winter aushärten und würden durch einen Schnitt daran gehindert.
Drahten: Drahtungen jetzt täglich kontrollieren! Draht, der einzuwachsen beginnt, sofort entfernen.

September: Standort: Sinken die Temperaturen unter 15 °C, müssen die Warmhauspflanzen ins Haus zurück. Kalthauspflanzen jetzt noch nicht hereinholen, da sie sich noch in der Aushärtungsphase befinden.
Gießen: Der Jahreszeit entsprechend ist der Wasserbedarf geringer geworden.
Düngen: Kalthauspflanzen werden nicht mehr gedüngt. Bei den Warmhauspflanzen wird nun auf den Winterrhythmus umgestellt.

Oktober: Standort: Alle Warmhauspflanzen befinden sich im Haus. Kalthauspflanzen nur in Regionen mit ersten Nachtfrösten hereinholen.
Allgemein: Alle Pflegemaßnahmen sind auf Winter eingestellt.

November und **Dezember:** Standort: Nun befinden sich alle Zimmer-Bonsai in ihren Winterquartieren. Bei Kalthauspflanzen darauf achten, daß der Standort auch wirklich frostfrei ist. An sonnigen Wintertagen steigen die Temperaturen in Gewächshäusern und Wintergärten stark an. Bei mehr als 10 °C muß gelüftet werden.
Auf keinen Fall dürfen die Kalthauspflanzen jetzt in geheizte Wohnräume gebracht werden: Die Winterruhe würde aufgehoben, und die Bäume würden bei ungünstigen Lichtverhältnissen austreiben.